高职高专经管类专业系列教材

零 售 基 础

主 编　李集城

副主编　洪宇文　赖路燕　李 颖　余思慧

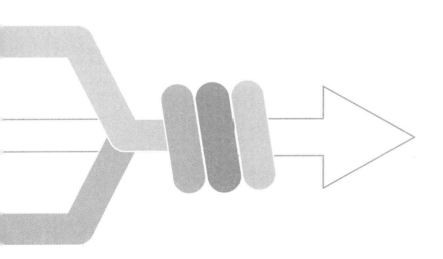

西安电子科技大学出版社

内 容 简 介

　　本书依据教育部发布的《职业教育专业简介(2022 年修订)》中电子商务类专业的培养目标定位和"零售基础"课程定位，参照零售行业标准，融入零售行业的新技术、新业态、新模式，紧跟零售行业数字化转型，构建了零售认知、零售业态、零售顾客、零售供应链、零售科技、零售战略六个模块。除正文知识阐述外，本书还设置了模块知识结构图、知识目标、技能目标、素养目标、引例、课堂讨论、课堂训练、任务实训、模块知识掌握测试等内容，以满足线上线下教学需求。

　　本书为超星泛雅平台"零售基础"课程配套教材，并配有相应的视频、教学课件、习题集、案例库等数字化资源，需要的读者可登录出版社网站，免费下载本书相关资源。

　　本书可作为高职高专院校电子商务类专业、工商管理类专业的教材，也可供相关从业者参考使用。

图书在版编目(CIP)数据

零售基础 / 李集城主编. --西安：西安电子科技大学出版社，2023.12(2024.7 重印)
ISBN 978-7-5606-7220-5

Ⅰ. ①零…　　Ⅱ. ①李…　　Ⅲ. ①零售业—商业经营—高等职业教育—教材　　Ⅳ. ①F713.32

中国国家版本馆 CIP 数据核字(2024)第 057608 号

策　　划	明政珠　姚　磊
责任编辑	许青青
出版发行	西安电子科技大学出版社(西安市太白南路 2 号)
电　　话	(029)88202421　88201467　　邮　编　710071
网　　址	www.xduph.com　　　电子邮箱　xdupfxb001@163.com
经　　销	新华书店
印刷单位	咸阳华盛印务有限责任公司
版　　次	2023 年 12 月第 1 版　2024 年 7 月第 2 次印刷
开　　本	787 毫米×1092 毫米　1/16　印张 9.25
字　　数	213 千字
定　　价	29.00 元

ISBN 978-7-5606-7220-5

XDUP 7522001-2

如有印装问题可调换

前　言

改革开放 40 多年来，中国零售业经历了合资、独资等多种合作发展方式的演变。在这个过程中，中国零售业不断发展壮大，从单一业态发展到多业态，从线下形式发展到线上形式，并在数字技术的驱动下，逐步发展为线上线下的融合业态，形成了独具特色的管理和营销模式。

本书以中国零售业态演变为主线，从了解零售行业、知晓零售行业运营链条、启蒙零售行业创业意识三个方面，构建了六个模块内容。其中：了解零售行业包括模块一零售认知和模块二零售业态内容；知晓零售行业运营链条包括模块三零售顾客、模块四零售供应链、模块五零售科技内容；启蒙零售行业创业意识包括模块六零售战略内容。

本书的内容设计特点如下：

(1) 有机融入课程思政元素。通过中国零售业发展史的多个引例和关于零售业企业家的多个任务实训，以学生为中心，采用探究式设计，引导学生深入了解中国零售业并体验零售业企业家精神，树立中国零售企业的品牌自信，潜移默化地培养学生"爱国敬业、勇于创新、诚信守法、回报社会、放眼世界"的企业家精神，增强其家国情怀。

(2) 有机融入新技术、新业态、新模式。以中国零售业态演变为主线，通过课堂讨论、课堂训练、任务实训，结合盒马鲜生、拼多多等新零售业态，以及新模式、新技术的运营案例，解析中国零售业的数字化转型升级和更新迭代的零售岗位技能，训练学生掌握零售行业的"三新"技能。

(3) 有机融入创新创业知识。通过探究式的教学案例，引导学生探索零售企业的战略选择，并通过任务实训的方式，在小型零售创业项目的实施中融入创新创业的知识与技能，有助于培养学生的创新思维和创业能力，使其更好地适应未来零售业的发展。

本书模块一、模块二由李集城编写，模块三由赖路燕编写，模块四由李颖编写，模块五由李集城、余思慧编写，模块六由洪宇文编写。全书由李集城统稿。

佛山顺联奥特莱斯总经理、佛山顺联公园里副总经理叶辉宇先生在本书的案例选择、素材供给、教学模式设计等方面给予了大力支持，并参与了本课程的现场教学环节，在此深表感谢。

在编写本书的过程中，我们参考了大量国内外有关著作、教材、论文和调研报告，在此对原作者表示感谢。

由于编者水平有限，书中不妥和疏漏之处在所难免，恳请广大读者批评指正，以便进一步修订、完善。

编　者

2023 年 9 月

目　录

模块一　零售认知 1

1.1　零售及零售业 2

1.1.1　零售的含义 4

1.1.2　零售商活动 4

1.1.3　零售业 5

1.2　零售组织发展规律 7

1.2.1　零售组织分类 9

1.2.2　零售组织演化规律 10

1.3　零售业的四次变革 13

1.3.1　第一次零售变革 14

1.3.2　第二次零售变革 15

1.3.3　第三次零售变革 16

1.3.4　第四次零售变革 16

模块知识掌握测试 18

模块二　零售业态 21

2.1　零售业态的特征及分类 22

2.1.1　零售业态的特征 24

2.1.2　零售业态的分类 24

2.2　零售业态的主要类型 26

2.2.1　百货商店 27

2.2.2　超级市场 27

2.2.3　便利店 28

2.2.4　专业店与品牌专卖店 29

2.2.5 仓储会员店 30

2.2.6 购物中心 30

2.2.7 折扣店 32

2.2.8 集合店 32

2.2.9 无人值守商店 32

2.2.10 无店铺零售 33

模块知识掌握测试 35

模块三 零售顾客 39

3.1 零售顾客的特征及市场细分 40

3.1.1 零售顾客的特征 41

3.1.2 零售顾客的市场细分 42

3.2 零售顾客的商品消费需求 47

3.2.1 对基本功能的需求 48

3.2.2 对质量性能的需求 49

3.2.3 对安全性能的需求 50

3.2.4 对消费便利的需求 50

3.2.5 对审美功能的需求 50

3.2.6 对情感功能的需求 50

3.2.7 对社会象征性的需求 51

3.2.8 对良好服务的需求 51

3.3 不同消费群体的消费心理特征 52

3.3.1 青年消费者的消费心理特征 54

3.3.2 中年消费者的消费心理特征 55

3.3.3 老年消费者的消费心理特征 56

3.3.4 男性消费者的消费心理特征 57

3.3.5 女性消费者的消费心理特征 58

3.3.6 数字消费者的消费心理特征 58

模块知识掌握测试 61

模块四 零售供应链 63

4.1 供应链 64

　　4.1.1　供应链的含义 66

　　4.1.2　制造供应链 68

　　4.1.3　零售供应链 70

　4.2　零售供应链变革 76

　　4.2.1　新零售供应链与传统供应链 77

　　4.2.2　零售供应链关系的更迭 79

　　4.2.3　新零售供应链的重构 79

　　4.2.4　新零售供应链的建设方向 82

　4.3　数字化供应链 84

　　4.3.1　数字化供应链的内涵 86

　　4.3.2　引发零售业数字化转型的主要因素 86

　　4.3.3　数字化供应链的核心原则 87

　　4.3.4　数字化供应链的优势 88

　　4.3.5　零售数字化供应链的关键技术 91

　模块知识掌握测试 92

模块五　零售科技 95

　5.1　零售科技 96

　　5.1.1　零售科技的含义 97

　　5.1.2　零售科技的价值 98

　　5.1.3　零售科技产业图谱 99

　5.2　零售技术的分类 101

　　5.2.1　零售数字技术 102

　　5.2.2　零售效率技术 103

　　5.2.3　零售体验技术 104

　模块知识掌握测试 106

模块六　零售战略 109

　6.1　零售竞争战略 110

　　6.1.1　零售竞争优势来源 111

　　6.1.2　零售商成本领先战略 113

　　6.1.3　零售商差异化战略 114

6.1.4 零售商目标聚集战略 115

6.1.5 零售商竞争战略的比较和选择 115

6.2 零售扩张战略 120

6.2.1 零售扩张战略组合 121

6.2.2 商圈调查与分析 125

6.2.3 店址选择 129

6.2.4 店址评估 131

6.2.5 选址分析报告 133

模块知识掌握测试 135

参考文献 139

模块一　零　售　认　知

本模块知识结构图

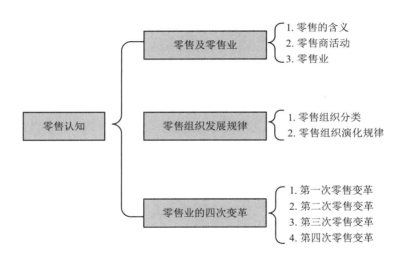

1.1　零售及零售业

知　识　目　标

1. 了解零售、零售商和零售业。
2. 掌握零售的本质。
3. 掌握社会消费品零售总额统计指标。

技　能　目　标

1. 能够识别出零售活动。
2. 能够通过互联网搜索进行零售业的信息收集和整合。
3. 能够用社会消费品零售总额统计指标分析经济"晴"与"雨"。

素　养　目　标

1. 通过引例，引导学生了解中国零售百强企业，加深对中国零售企业的了解，树立中国企业品牌自信，增强学生的家国情怀。
2. 通过任务实训，培养学生的团队沟通协作能力。
3. 通过任务实训，引导学生体会零售业企业家精神，培养学生的创新创业素养。

引　例

2021 年度中国零售百强分析

2022 年 8 月 23 日，中国商业联合会、中华全国商业信息中心发布了 2021 年度中国零售百强名单。2021 年零售百强销售规模突破 12 万亿元，达到 12.1 万亿元(见图 1-1)，同比

增长 14.1%，高于社会消费品零售总额增速 1.6 个百分点(见图 1-2)。2021 年零售百强销售规模占社会消费品零售总额的比重为 27.5%，比 2020 年提高 1.2 个百分点(见图 1-2)。

2021 年零售百强中有 3 家万亿级企业、6 家千亿级企业、48 家百亿级企业以及 43 家十亿级企业。零售百强入围门槛为 29.2 亿元，与 2020 年持平。

2021 年零售百强企业中，据估算，第 1 名天猫销售规模为 3.5 万亿元，占百强整体销售规模的比重为 28.6%；前 3 名销售规模合计为 9.2 万亿元，占百强整体销售规模的比重为 76.0%；前 5 名销售规模合计为 9.7 万亿元，占百强整体销售规模的比重为 80.5%；前 10 名销售规模合计为 10.4 亿元，占百强整体销售规模的比重为 85.9%。

从零售业的发展趋势来看，疫情加速了零售业的变革创新，零售业将继续朝着以品质为中心、以服务为中心、以数字化技术为中心、注重绿色经营等方向转变，新技术、新产品、新品质、新业态、新模式快速发展，将推动零售业向高质量发展转型升级。

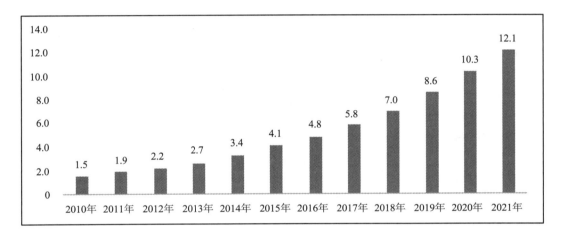

图 1-1 2010—2021 年零售百强销售规模(万亿元)

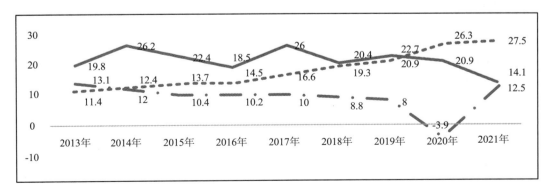

图 1-2 2013—2021 年零售百强销售规模增速、社会消费品零售总额增速及
零售百强销售规模占社会消费品零售总额的比重

零售业是一个古老的行业,也是一个国家的重要行业之一。引例中的中国零售百强企业,多年来在与外资零售企业的竞争中不断演变,呈现出零售业态多样、线上线下融合、共生共存的局面,百强零售企业销售额已占社会消费品零售总额的 27.5%。零售业的变革和进步,对人们的生活质量、生活方式和劳动就业产生了重大影响。尽管零售业态不断根据市场做出变化,但其本质——"把商品卖给消费者"从未改变。

1.1.1 零售的含义

菲利普·科特勒认为,零售是指将货物和服务直接出售给最终消费者的所有活动,这些最终消费者是为了个人生活消费,而不是为了商业用途消费。

巴里·伯曼认为,零售是指向消费者销售用于个人、家庭或居住区消费所需的商品和服务的活动。

迈克尔·利维认为,零售是将产品和劳务出售给消费者,供其个人或家庭使用,从而增加产品和服务价值的一种商业活动。

肖怡认为,零售是向最终消费者个人或社会集团出售生活消费品及相关服务,以供其最终消费之用的全部活动。

综合上述学者对零售的描述,零售包含以下内容:

(1) 零售是将商品及相关服务提供给消费者作为最终消费之用的活动。

(2) 零售活动不仅向最终消费者出售商品,同时也提供相关服务。

(3) 零售活动不一定非在零售店铺中进行,也可以利用一些使顾客便利的设施及方式,如上门推销、邮购、自动售货机、网络销售等。

(4) 零售的顾客不限于个别的消费者,进行非生产性购买的社会集团也可能是零售顾客。

【课堂讨论】

表 1-1 列举的活动中,哪些是零售活动?

表 1-1 选择零售活动

活 动	是/否
美宜佳便利店出售零食供消费者闲暇时食用	
盒马鲜生出售海鲜给某饭店,某饭店重新加工后出售给消费者	
苏宁易购向购买空调的客户提供免费送货上门和安装服务	
学校从天猫超市购买文具供教职工办公使用	
盒马鲜生在线下门店和盒马 APP 出售生鲜供消费者食用	

1.1.2 零售商活动

零售商指以零售活动为基本职能的独立中间商。零售商介于制造商、批发商与消费者之间,是以盈利为目的从事零售活动的组织。消费品流通路径如图 1-3 所示。

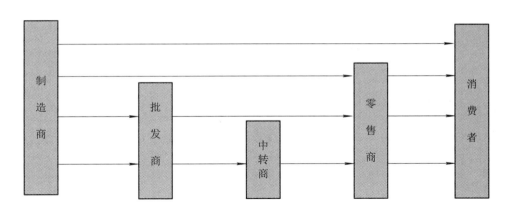

图 1-3　消费品流通路径

1. 零售商活动的特点

零售商活动的特点如下：

(1) 交易规模小，交易频率高。

(2) 即兴购买多，受情感影响较大。

(3) 顾客先进店，才有可能发生交易。

2. 零售商活动的内容

零售商从事的活动，就是把制造商生产出来的产品及相关服务出售给最终消费者，从而使产品和服务增值。零售商要成功地承担起制造商、批发商及其他供应商与最终消费者的中介工作，必须合理地安排以下活动：企业战略规划、组织系统设计、商店选址(含线上平台选择)、商店设计、商品规划、商品陈列、商品采购与存货、商品定价、商品促销、商店服务。

1.1.3　零售业

零售业是指以向最终消费者(包括个人和社会集团)提供所需商品及其附带服务为主的行业。零售业是一个国家最古老、最重要的行业之一。零售业的每一次变革和进步，都促使了人们生活质量的提高，甚至引发了一种新的生活方式。

零售业是反映一个国家和地区经济运行状况的"晴雨表"。国民经济是否协调发展，社会与经济结构是否合理，首先会在流通领域，特别是在消费品市场上表现出来，通常用社会消费品零售总额统计指标进行分析。若想详细了解该指标，可登录国家统计局统计知识库(stats.gov.cn)查询。

零售业是一个国家和地区的主要就业渠道。由于零售业对劳动就业的突出贡献，很多国家甚至把扶持和发展零售业作为解决就业问题的一项经济政策。

现代零售业是高投资与高科技相结合的产业。现在，零售商们运用着最先进的计算机和各种通信技术对变化中的消费需求迅速做出反应，以取得更低的运营成本和更高的经营利润。

【课堂训练】

进行社会消费品零售总额统计指标分析。

(1) 查询中国历年(1952—2021 年)社会消费品零售总额指标数据，并对其进行经济状况分析。

(2) 查询广州、深圳、河源三市 2017—2021 年社会消费品零售总额指标数据，并进行对比分析。

(3) 查询广州市 2020 年 1—12 月社会消费品零售总额指标数据，并对其进行分析。

任 务 实 训

1. 任务描述

(1) 使用网络搜索国内外零售业知名企业家 1 名，收集其企业发展史。

(2) 以小组为单位，整理和分析搜索资料，可制作 PPT、视频、公众号推文，并进行汇报。

2. 任务要求

(1) 实训采用"课外＋课内"的方式进行，资料的收集与整理及 PPT、视频、公众号推文的制作在课外完成，成果展示安排在课内。

(2) 每小组成果展示时间为 10 分钟，教师点评时间为 5 分钟。

3. 任务评价

任务评价信息如表 1-2 所示。

表 1-2　任务评价表

评分要素	评分点	权重	表 现 要 求	得分
技能运用	信息收集	10	能够使用搜索引擎查找并收集信息资料	
	零售行业	10	能够对收集到的信息进行判断，确认该人物是不是零售业企业家	
	资料整合	30	能够对收集到的信息进行整合，逻辑清晰，语言表述通俗易懂、简明扼要，数据翔实，图文并茂	
成果呈现	团队协作	15	团队成员能共同协作完成任务	
	表现力	15	思路表达清晰，陈述完整，关键问题表述正确	
	PPT、视频、公众号推文	20	美观，配色合理，排版整洁、清晰，风格统一，内容严谨、充实、饱满，表达清晰，主次分明	

1.2 零售组织发展规律

知 识 目 标

1. 了解零售组织与零售商的区别。
2. 了解零售组织的分类。
3. 掌握零售轮转理论、手风琴理论、商品攀升理论。

技 能 目 标

1. 能够用零售轮转理论解析零售业态演变。
2. 能够用手风琴理论和商品攀升理论解析零售企业的扩张与收缩。

素 养 目 标

1. 通过引例中的零售轮转假说推演，训练学生的逻辑思维能力。
2. 通过任务实训项目，提升学生对事物发展规律的认知能力。
3. 通过任务实训，加深学生对拼多多模式的了解，加强学生对零售业创业模式的认知。

引 例

电商的宿命：电商逃得过零售商业的轮转假说吗？

美国哈佛商学院零售专家 M. 麦克尔教授提出过这样一套理论：新型商业机构初期都是"三低"(低地位、低毛利、低价格)，如果后期商业活动成功，就会改善设施，提供更多服务，就会增加费用，强制提高价格，结果都会与"三低"所替代的商业机构一样，成为"三高"(高地位、高毛利、高价格)，直至新的商业机构出现。这套理论就是零售商业的轮转假说。

如果把轮转假说称为零售业的宿命，那么电商能逃脱零售业的宿命吗？

零售商业的另一条宿命是业态共存。在一种商业形态由"三低"向"三高"的转化过程中，会出现新的替代商业，有人称之为商业革命。然而，商业有平衡作用，因为新的"三低"商业的出现，原商业机构向"三高"的转化会变慢、停止甚至下降，于是，形成了不同商业形态共生的局面。所以，零售商业没有革命，只有创新和共生，没有一种处于压倒性优势的零售商业。

传统商业都是集中商业。集中商业越大、越好，人气越足，这是商业的逻辑之一。

集中商业必然带来对稀缺资源的争夺，比如优质地段，比如货架。对优质资源的争夺，必须推升成本。成本推升到一定阶段，必然带来商业轮转。这是商业的逻辑之二。

两个逻辑相互矛盾，这就是商业宿命的逻辑。因为该逻辑是悖论，所以无解，只能是宿命。

商业增加最快的成本是什么？不是商业设施成本，不是人力成本，也不是供货成本。因为设施成本、人力成本和供货成本是全社会同时增加的。增加最快的商业成本是房租，或称级差地租。优质地段总是稀缺的，对优质地段的争夺，导致房租增加很快。所以，商业轮转从"三低"向"三高"转化不可避免。传统商业解决"三低"向"三高"转化的有效方法是开辟新的商圈，正如前几年中国的商业地产快速增长一样。

如果房地产商在全国建"城市综合体"，往往选择地价较低的地段。开发"城市综合体"会快速引入大量人口，为商圈形成创造客流。再通过战略合作的商业机构，形成新商圈。商业宿命的逻辑，就这样形成了：因为集中，所以总有稀缺资源，而为了争夺稀缺资源，就会竞相出高价，出高价的结果必然会抬高成本。这是商业宿命的逻辑。商业设施的建筑成本不因地段而有差别，但房租是有差别的，房租的差别是由对稀缺资源的争夺引起的。所以，最终决定商业成本的不是实体成本，而是非实体成本。

有人说，目前最危险的资源是商业地产，因为电商出现了。电商刚兴起时，是"三低"商业。电商崛起，还是因为"三低"。造成这种"三低"的原因，营销的说法是去掉了流通成本。这是所有新型商业崛起的共同逻辑，只是说辞不同而已。总而言之，是为"三低"提供合理的理由。

电商是集中的商业吗？目前看来是的。电商的集中度比线下更高。既然电商是集中的，那么一定有对稀缺资源的争夺，成本的上升是因为对稀缺资源的争夺。哪怕电商的实际成本真的为零，但只要有稀缺资源，一定会把成本抬高到引发新的商业形态产生为止。

电商最稀缺的资源是什么呢？是屏幕资源。因为没有指向的消费者，一定是打开第一屏，第一屏就是最稀缺的资源。无论是平台电商还是垂直电商，他们最稀缺的资源都是屏幕资源。因此，必然会引起对屏幕资源的争夺。这与平台电商和垂直电商的商业模式无关，但收费形式可能有差别，电商成本一定会增加。电商最后的成本是多少，与电商的实际成本无关，只与稀缺资源的争夺有关。可以这么说，哪怕某种商业的所有成本为零，最后一定会因为稀缺资源的争夺而产生成本，并且成本直追有成本的商业。

电商的轮转周期更短。集中的商业，一定会从"三低"走向"三高"，电商也不例外。传统新型商业的轮转周期比较长，主要是商业地产高到一定阶段，人们会开发更多的商业地产。也就是说，通过开发更多的商业地段，平衡了对稀缺资源的争夺。所以，传统商业的轮转周期比较长，可以高达几十年。电商的轮转周期有多长，取决于是否有手段平衡和分流。地产商不断建设新商圈，就起到了对传统商业的客源分流和成本平衡作用。电商有客源分流和成本平衡的手段吗？电商的数量在增长，但主要电商的占有率和绝对额上升很快，所以，截至目前，还没有起成本平衡作用的电商替代对象。

电商最稀缺的屏幕资源没有替代资源，也无法扩展。因此，对屏幕资源的争夺将更激烈，屏幕资源的价格上升速度也将更快。这意味着电商的轮转周期更短，除非电商更加分散。

1.2.1 零售组织分类

零售组织虽然与零售商的概念相近，但还是有一些区别。零售商更多是指一个独立核算的营利机构，而零售组织则强调这一机构所进行的零售活动组织方式。例如，百货商店、超级市场、便利店可以被称作不同的零售组织形式，但一个零售商可以同时拥有百货商店、超级市场和便利店三种经营形式。

由于零售组织形式繁多，划分的标准也不统一。目前，对零售组织的分类主要有三种方法：按零售组织的目标市场及经营策略不同，划分为百货商店、超级市场、便利店、仓储式商店、专业店、专卖店、折扣商店、杂货店；按是否设立门店，划分为有店铺零售和无店铺零售，而无店铺零售又包括邮购、上门销售、电话订购、电视销售、网络商店、自动售货机、流动商贩；按零售组织所有权形式的不同，划分为独立商店、直营连锁商店、特许经营、租赁商品部、垂直营销系统、消费者合作社。第一和第二种划分出来的组织形式，后面的章节会重点阐述，这里先对按零售组织所有权形式划分做阐述。

1. 独立商店

独立商店是由个人或家庭经营的零售店铺。其特点如下：

(1) 所有权和经营权归个人或家庭所有。

(2) 独立商店通常在局部或特定地区提供商品和服务。

(3) 经营者可以根据自己的喜好和需求选择商品种类和经营策略。

(4) 独立商店在经营决策上具有较大的灵活性和自主权。

2. 直营连锁商店

直营连锁商店是由一个公司或品牌直接拥有和经营的连锁零售店铺。其特点如下：

(1) 所有店铺都由同一家公司或品牌拥有和管理。

(2) 具有统一的品牌形象、商品选择和经营策略。

(3) 直营连锁商店的所有权和控制权集中在总部或中央管理层。

(4) 总部可以直接管理和监督各个分店的运营，确保一致性和标准化。

3. 特许经营

特许经营是一种合作关系，其中特许人(特许权拥有者)授权其他个人或公司(特许经营者)使用其品牌和经营模式。其特点如下：

(1) 特许人授权特许经营者使用其知识产权、品牌和经营模式。

(2) 特许经营者通常支付一定的特许权使用费或提供一定的销售额分成。

(3) 特许经营者在经营中可以享受到特许人的品牌知名度和经验积累。

(4) 特许经营者需要遵守特许人的经营准则和标准，以确保品牌一致性和控制质量。

4. 租赁商品部

租赁商品部是提供租赁服务的零售组织。其特点如下：

(1) 提供租赁商品，例如汽车、电器、家具等。

(2) 客户支付一定的租金来使用租赁商品，而不是购买。

(3) 租赁商品部通常提供长期或短期的租赁合约选择。

(4) 租赁商品部需要维护和管理自己的库存，并确保租赁商品的良好状态和可靠性。

5. 垂直营销系统

垂直营销系统是由一个公司或组织垂直整合了供应链中的多个环节，从生产到销售。其特点如下：

(1) 公司拥有和控制从供应商到零售商的整个供应链。

(2) 公司可以直接控制产品的质量、定价和分销策略。

(3) 垂直营销系统可以实现更高的供应链效率和更好的成本控制。

(4) 公司可以更好地控制品牌形象和产品营销。

6. 消费者合作社

消费者合作社是由消费者自愿组成的合作组织,旨在共同购买和经营商品。其特点如下：

(1) 消费者合作社由消费者共同拥有和管理。

(2) 消费者通过购买合作社的股份成为合作社的成员。

(3) 合作社以成员的需求为导向，为成员提供商品和服务。

(4) 成员享受合作社提供的特定优惠和福利。

【课堂讨论】

零售组织是否等同于零售商？

1.2.2 零售组织演化规律

零售组织演化规律指的是随着时间的推移，零售组织在结构、形式和经营方式上的变化趋势。这些演化规律是根据零售业发展的历史和趋势总结和归纳的。以下是关于零售组织演化规律的相关理论。

1. 零售轮转理论

零售轮转理论又称作车轮理论，是美国哈佛商学院零售专家 M.麦克尔教授提出的。他认为，零售组织变革有一个周期性的、像一个旋转的车轮一样的发展趋势。新的零售组织最初都采取低成本、低毛利、低价格的经营策略。当这种策略取得成功时，必然会引起他人效仿，结果激烈的竞争促使其不得不采取价格以外的竞争策略，诸如增加服务、改善店内环境，这势必增加费用支出，使之转化为高费用、高价格、高毛利的零售组织。与此同时，又会有新的以低成本、低毛利、低价格为特色的零售组织出现，于是"轮子"又重新转动。超级市场、折扣商店、仓储式商店都是沿着这一规律发展起来的。

2. 手风琴理论

手风琴理论早在 1943 年就被提出了，1960 年又有人对其进行了完善。该理论采用拉手风琴时风囊的宽窄变化来形容零售组织变化的产品线特征。手风琴在演奏时不断地被张开和合起，零售组织的经营范围与此相似地发生变化，即从综合到专业，再从专业到综合，如此循环往复，一直继续下去。拉尔夫·豪尔说："在整个零售业发展历史中(事实上，所有行业都如此)，似乎具有主导地位的经营方法存在着交替现象。一方面是向单个商号经营商品的专业化发展，另一方面是从这一专业化向单个商号经营商品的多元化发展。"根据这一理论，美国等西方国家零售业大致经历了五个时期：一是杂货店时期；二是专业店时期；三是百货店时期；四是超市、便利店时期；五是购物中心时期。

3. 自然淘汰理论

自然淘汰理论的具体内容是：零售组织的发展变化必须与社会经济环境相适应，例如生产结构、技术革新、消费增长及竞争态势等，越能适应这些环境变化，越能长久生存，否则将会自然地被淘汰或走向衰落。适者生存的思想是公认的真理。对于某种零售组织来说，总是产生在一个与其环境相适应的时代，但环境不是一成不变的。当环境变化时，就极有可能与零售组织的发生不协调。因此，任何一种零售组织都难以永远辉煌。要生存和发展，就必须不断进行自我调整，适应变化的环境。当然，调整也不是无限的，当调整冲破了原有零售组织的局限时，就表明这一类型组织将消亡。

4. 辩证过程理论

零售业的辩证过程理论基于黑格尔的辩证法。辩证模型是指各零售组织面对对手的竞争相互学习并趋于相同。一个企业遇到具有差别优势的竞争者的挑战时，会采取某些战略和战术以获取这一优势，从而消除竞争者的部分吸引力，而同时，竞争者也不是保持不变的。更确切地说，竞争者总是倾向于按其否定的企业的情况改进或修正产品和设施。这种相互学习的结果，使两个零售企业逐渐在产品、设施、辅助服务和价格方面趋向一致，它们因此变得没有差别，或至少非常相似的，变成一种新的零售企业，即合题。这种新的企业会受到新的竞争者的"否定"，辩证过程又重新开始。辩证过程理论带有普遍性，它揭示了零售组织发展变化的一般规律，即从肯定到否定，再到否定之否定的变化过程。

5. 生命周期理论

美国零售专家戴维森等人认为，零售组织像生物一样，有它自己的生命周期。随着时代的发展，每一种零售组织都将经历创新期、发展期、成熟期、衰退期四个阶段。这一理论分析了各种零售组织从产生到成熟的间隔期，并对各个阶段零售组织的特点作了描述，提出了处于不同阶段的各零售组织可采取的相应策略,包括投资增长和风险决策方面、中心业务管理方面、管理控制技术的运用方面和最佳的管理作用方面等。

6. 商品攀升理论

商品攀升理论是从零售组织的产品线角度解释其发展变化的。商品攀升理论说明的是零售组织不断增加其商品组合宽度的规律,当零售组织增加相互不关联的或与公司原业务范围无关的商品和服务时,即发生了商品攀升。例如,一家鞋店原先经营的品种主要有皮鞋、运动鞋、拖鞋、短袜、鞋油等商品,经过一段时间的发展,其经营的商品种类越来越多,又增加了诸如手袋、皮带、伞、帽子、毛衣、手套等商品,这就是攀升了的商品组合。

【课堂训练】

用辩证过程理论分析新零售是如何产生的。

任 务 实 训

1. 任务描述

(1) 用零售轮转假说推演拼多多的出现。

(2) 以小组为单位,整理和分析搜索资料,制作 PPT,并进行汇报。

2. 任务要求

(1) 实训采用"课外+课内"的方式进行,资料的收集与整理及 PPT 的制作在课外完成,成果展示安排在课内。

(2) 每小组成果展示时间为 10 分钟,教师点评时间为 5 分钟。

3. 任务评价

任务评价信息如表 1-3 所示。

表 1-3 任 务 评 价 表

评分要素	评分点	权重	表 现 要 求	得分
技能运用	信息收集	10	能够使用搜索引擎查找并收集信息资料	
	零售组织发展规律	20	能够应用零售轮转假说推演拼多多的出现	
	资料整合	20	能够对收集到的信息进行整合,逻辑清晰,语言表述通俗易懂、简明扼要,数据翔实,图文并茂	
成果呈现	团队协作	15	团队成员能共同协作完成任务	
	表现力	15	思路表达清晰,陈述完整,关键问题表述正确	
	PPT	20	美观,配色合理,排版整洁、清晰,风格统一,内容严谨、充实饱满,表达清晰,主次分明	

1.3　零售业的四次变革

知识目标

1. 了解零售业四次变革的产生背景。
2. 了解零售业四次变革的革新内容。
3. 掌握零售业重大变革的三个条件。

技能目标

能够根据零售业现状与背景识别零售业变革机会。

素养目标

1. 通过引例，了解中国零售业 40 多年的发展史，夯实学史明理、学史增信。
2. 通过学习零售业四次变革革新内容，提升学生的创新思维。

引例

中国零售业：40 多年的 4 个关键点

1978 年，改革开放为中国商业社会注入了新的活力。伴随着政策的加持与思想的解放，越来越多阻碍经济进步的藩篱被清除、突破。与此同时，外部冲击与内部竞争的加剧也倒逼中国零售业加速转型升级。

时至今日，中国零售业大致经历了 4 个阶段的发展。

第一阶段(20 世纪 70 年代末至 20 世纪 90 年代初)：百货业态一统天下

这一阶段是中国零售业发展的起步阶段。在 1978 年改革开放政策的推动下，中国经济迈入市场经济时代，百货业态成为主流商业模式。从 1981 年广州友谊商店成为中国内地零售百货店内首家开架式销售的商场开始，各种百货商场迅速崛起。同时，人民的收入水平提高，消费习惯发生改变，消费产品从基本生活用品转向高档化妆品、珠宝首饰和时尚服饰等。百货业态在这一阶段成为零售业的主导。

第二阶段(20 世纪 90 年代初至 21 世纪初)：多种零售业态并存

这一阶段呈现出多种零售业态并存的格局。以外资连锁品牌为代表的零售巨头纷纷进入中国市场，给原有的百货业态带来冲击。同时，日系百货、世界十大百货和奢侈品百货集团等也加入竞争，使百货行业面临重新洗牌。与此同时，传统百货业态之外的专卖店、便利店和连锁店等新业态也相继崛起。

第三阶段(21 世纪初至 2016 年)：传统电商的春天

这一阶段标志着传统电商的兴起。2003 年，淘宝成立，拉开了中国电子商务时代的序幕。随后，京东、拍拍网、当当等电商平台相继涌现。传统电商的崛起对实体消费市场产生了巨大冲击，加速了线下市场的优胜劣汰，并推动了传统业态的升级与改良。同时，电商的出现打破了时间和空间的限制，拉动了中国消费市场的增长。

第四阶段(2016 年至今)：多渠道裂变时代

2016 年至今，中国商业业态发生了急剧变化。生鲜电商、社交电商、直播电商和平台电商等相继兴起，推动了市场的变革和创新。新零售概念的提出改变了线上与线下的关系，从竞争转为合作与赋能。各类电商形式崛起，引领市场潮流。2016 年，盒马鲜生开业，提出了新零售概念，同年抖音上线。2017 年至 2020 年，各大电商平台相继上市或扩大业务，社区团购竞争激烈。2021 年，抖音和天猫"双 11"等活动取得巨大成功。这些变化使得线上线下的合作与互补更加重要，推动中国经济迎来更多可能性。

零售业中的某些变化之所以能提升到重大变革的高度，必须满足三方面的条件：一是革新性，即这一变化应产生一种全新的零售经营方式、组织形式和管理方法，并取得支配地位；二是冲击性，即新的零售组织和经营方式将对旧组织和旧方式带来强烈的冲击，同时也影响着顾客购物方式的变化和厂商关系的调整；三是广延性，即这场变革不是转瞬即逝，而是扩展到一定的空间、延续到一定的时间。从这几个方面考察，西方零售业历史上曾出现过四次重大变革。

1.3.1　第一次零售变革

零售业的第一次重大变革是以具有现代意义的百货商店诞生为标志的，学术界称之为"现代商业的第一次革命"，足见其划时代的意义。尽管当时百货商店被称为具有革新性的经营手法现在看来十分平常(诸如明码标价和商品退换制度；店内装饰豪华，顾客进出自由；店员服务优良，对顾客一视同仁；商场面积巨大，陈列商品繁多，分设若干商品部，实施一体化管理等)，但这些改革对当时的传统零售商来说，已是一个质的飞跃。

1. 销售方式上的根本性变革

百货商店是世界商业史上第一个实行新销售方法的现代大量销售组织。其新型销售方法概括起来表现为以下几个方面：

(1) 顾客可以毫无顾忌地、自由自在地进出商店；

(2) 商品销售实行"明码标价"，商品都有价格标签，对任何顾客都以相同的价格出售；

(3) 陈列出大量商品，以便于顾客任意挑选；

(4) 顾客如果对购买的商品不满意，可以退换。

虽然这些销售方法在现在看来是十分平常的，但它是由百货商店的诞生及其对零售销售的变革而来的。

2. 经营上的根本性变革

当时出现的百货商店的一个最大特点是设有若干不同的商品部，这些商品部就像是一个屋顶下的"商店群"，即把许多商品按商品类别分成部门，并由部门来负责组织进货和销售。而且，百货商店是主要以生活用品为中心，实行综合经营的大量销售的组织。按不同商品和不同销售部门来经营，虽然每个部门的经营规模不大，但由于它们是汇聚在一个经营体之中的，因而这种综合经营的规模比之前的杂货店和专门店更庞大。因此，百货商店实行综合经营是其适应大量生产和大量消费的根本性变革内容之一。

3. 组织管理上的根本性变革

传统的城市零售店和乡村杂货店的店主不仅亲自营业，而且自行负责人、钱、物的管理。与此不同，百货商店由于同时经营若干系列的商品，企业规模庞大，因而其经营活动分化成相对独立的专业性部门，实行分工和合作；而管理工作则是分层进行的，企业订有统一的计划和组织管理原则，然后由若干职能管理部门分头执行。因此，百货商店是按商品系列实行分部门、分层次组织和管理的。

1.3.2　第二次零售变革

第二次零售变革是以超级市场的诞生为标志的，其对零售业的革新和发展以及整个社会的变化产生了以下影响：

(1) 开架售货方式流行。开架售货方式尽管不是超级市场首创，但它是因超级市场而逐渐流行的。超级市场采用的自选购物方式作为一个重要的竞争手段，不仅冲击了原有的零售形态，而且影响了新型的零售业态，后来出现的折扣商店、货仓式商店、便利店等都采取了开架自选或完全的自我服务方式。

(2) 购物时间大大节省。随着人们工作时间的增多，闲暇时间的减少，人们已不把购物当作休闲方式，而是要求购物更方便、更快捷。超级市场恰好满足了人们的这种新要求，将原本分散经营的各类商品集中到一起，实施关联商品陈列和统一结算，大大节省了人们的购物时间，使人们能将有限的闲暇时间用于旅游、娱乐、健身等活动，创造了一种全新的现代生活方式。

(3) 舒适的购物环境普及。超级市场所营造的整齐、干净的舒适购物环境，取代了原先脏乱嘈杂的生鲜食品市场，使人们相信购买任何商品都能享受购物乐趣。

(4) 促进了商品包装的变革。开架自选迫使厂商进行全新的商品包装设计，展开包装、标识等方面的竞争，出现了大中小包装齐全、装潢美观、标识突出的众多品牌，这也使商场显得更整齐、更美观，造就了良好的购物环境。

超级市场的出现和发展与当时的历史背景有着必然的关系，其产生背景如下：

第一，经济危机是超级市场产生的导火线。20世纪30年代，席卷全球的经济危机使得居民购买力严重不足，零售商纷纷倒闭，生产大量萎缩，店铺租金大大降低，超级市场利用这些租金低廉的闲置建筑物，采取节省人工成本的自助购物方式和薄利多销的经营方针，实现了低廉的售价，因而受到了当时被经济危机困扰的广大消费者的欢迎。

第二，生活方式的变化促成了超级市场。"二战"后，越来越多的妇女参加了工作，人们生活、工作节奏加快，加上城市交通拥挤，原有零售商店停车设施落后，许多消费者希望能到一家商场，停车一次，就购齐一周所需的食品和日用品，超级市场正是适应消费者的这种要求而产生的。

第三，技术进步为超级市场创造了条件。制冷设备的发展为超级市场储备各种生鲜食品提供了必要条件，包装技术的完善为超级市场中的顾客自选提供了极大的方便；而后来的电子技术在商业领域的推广运用，更是促进了超级市场利用电子设备提高售货机械化程度。此外，冰箱和汽车在西方家庭中的普及使消费者的大量采购和远距离采购成为可能。

1.3.3　第三次零售变革

连锁商店是现代大工业发展的产物，与大工业规模化的生产要求相适应，其实质就是通过将社会化大生产的基本原理应用于流通领域，达到提高协调运作能力和规模化经营效益的目的。连锁商店的基本特征表现在以下四个方面：

(1) 标准化管理。在连锁商店中，各分店统一店名，使用统一的标识，进行统一的装修，在员工服饰、营业时间、广告宣传、商品价格方面均保持一致性，从而使连锁商店的整体形象标准化。

(2) 专业化分工。连锁商店总部的职能是连锁，而店铺的职能是销售。表面上看，这与单体店没有太大的区别，实际上却有质的不同。总部的作用是研究企业的经营技巧，并直接指导分店的经营，这就使分店摆脱了过去靠经验管理的影响，大大提高了企业管理水平。

(3) 集中化进货。连锁商店总部集中进货，商品批量大，从厂家可以得到较低的进货价格，从而降低进货成本，取得价格竞争优势。由于各店铺是有组织的，因此，在进货上克服了盲目性，不需要过大的商品库存，就能保证销售需要，库存成本又得到降低。各店铺专门负责销售，就有更多的时间和手段组织推销，从而加速了商品周转。

(4) 简单化作业。连锁商店的作业流程、工作岗位上的商业活动尽可能简单，以减少经验因素对经营的影响。由于连锁体系庞大，在各个环节的控制上都有一套特定的运作规程，要求精简不必要的过程，达到事半功倍的效果。

【课堂讨论】

第三次零售变革中连锁商店的兴起，其产生的背景是什么？

1.3.4　第四次零售变革

信息时代，网络技术的发展对零售业的影响是巨大的，不亚于前三次生产方面的技术革新对零售业影响的深度和广度。网络技术引发了零售业的第四次变革，甚至改变了整个零售业。这种影响具体表现在以下几个方面：

（1）网络技术打破了零售市场的时空界限，店面选择不再重要。店面选择在传统零售商经营中曾占据了极其重要的地位，有人甚至将传统零售经营成功的首要因素归结为"Place，Place，Place"(选址、选址，还是选址)，因为没有客流就没有商流，客流量的多少成了零售经营至关重要的因素。连锁商店之所以迅速崛起，是因为打破了单体商店的空间限制，赢得了更大的商圈范围。而在信息时代，网络技术突破了这一地理限制，任何零售商只要通过一定的努力，都可以将目标市场扩展到全国乃至全世界，市场真正国际化了，零售竞争更趋激烈。对传统商店来说，地理位置的重要性大大下降，要立足市场必须更多地依靠经营管理的创新。

（2）销售方式发生变化，新型业态崛起。信息时代，人们的购物方式发生了巨大变化，消费者从过去的"进店购物"演变为"坐家购物"，足不出户，便能轻松在网上完成过去要花费大量时间和精力的购物过程。购物方式的变化必然导致商店销售方式的变化，一种崭新的零售组织形式——网络商店应运而生，其具有的无可比拟的优越性将成为全球商业的主流模式并与传统的有店铺商业展开全方位的竞争，而传统零售商为适应新的形势，也将引入新型经营模式和新型组织形式来改造传统经营模式，尝试在网上开展电子商务，结合网络商店的商流长处和传统商业的物流长处综合发挥最大的功效。零售业的变革不再是一种小打小闹的局部创新，而是一场真正意义上的革命。

（3）零售商内部组织面临重组。信息时代，零售业不仅会出现一种新型零售组织——网络商店，同时，传统零售组织也将面临重组。无论是企业内的还是企业与外界的，网络技术都将代替零售商原有的一部分渠道和信息源，并对零售商的企业组织造成重大影响。这些影响包括业务人员与销售人员的减少、企业组织的层次减少、企业管理的幅度增大、零售门店的数量减少、虚拟门市和虚拟部门等企业内外部虚拟组织盛行。这些影响与变化，促使零售商意识到组织再造工程的迫切需要。尤其是网络的兴起，改变了企业内部作业方式，以及员工学习成长的方式，个人工作者的独立性与专业性进一步提升。这些都迫使零售商进行组织的重整。

（4）经营费用大大下降，零售利润进一步降低。信息时代，零售商的网络化经营实际上是新的交易工具和新的交易方式的形成过程。零售商在网络化经营中，内外交易费用都会下降。就一家零售商而言，如果完全实现了网络化经营，可以节省的费用包括企业内部的联系与沟通费用，企业人力成本费用，大量进货的资金占用成本、保管费用和场地费用，通过虚拟商店或虚拟商店街销售的店面租金费用，通过网络进行宣传的营销费用和获取消费者信息的调查费用等。另外，由于网络技术大大克服了信息沟通的障碍，人们可以在网络上漫游、搜寻，直到最佳价格显示出来，因而将使市场竞争更趋激烈，导致零售利润进一步降低。

【课堂训练】

对比分析四次零售变革在满足革新性、冲击性、广延性三个条件上的差异。

任务实训

1. 任务描述

以小组为单位，对照四次零售业变革，分别制作中国零售业的四次变革 3~5 分钟的短

视频。

2. 任务要求

(1) 实训采用"课外+课内"的方式进行，资料的收集与整理及短视频的制作在课外完成，成果展示安排在课内。

(2) 每小组成果展示时间为 10 分钟，教师点评 5 分钟。

3. 任务评价

任务评价信息如表 1-4 所示。

表 1-4　任 务 评 价 表

评分要素	评分点	权重	表　现　要　求	得　分
技能运用	信息收集	10	能够使用搜索引擎查找并收集信息资料	
	零售变革	10	能够对中国零售业的四次变革进行准确识别	
	资料整合	30	能够对收集到的信息进行整合，逻辑清晰，语言表述通俗易懂	
成果呈现	团队协作	15	团队成员能共同协作完成任务	
	表现力	15	思路表达清晰，陈述完整，关键问题表述正确	
	短视频	20	美观，风格统一，内容严谨，表达清晰，主次分明	

模块知识掌握测试

1. 判断题

(1) 信息技术的出现，使零售商的经营费用大大下降，零售利润进一步降低。　（　　）

(2) 信息时代，零售业会出现一种新型零售组织——网络商店，但是，传统零售组织不会面临重组。　（　　）

(3) 连锁商店总部的职能是销售，而店铺的职能也是销售。　（　　）

(4) 连锁商店总部集中进货，商品批量大，从厂家可以得到较低的进货价格，从而降低进货成本，取得价格竞争优势。　（　　）

(5) 经济危机和超级市场的产生没有关系。　（　　）

(6) 传统的城市零售店和乡村杂货店的店主不仅亲自营业，而且自行负责人、钱、物的管理。　（　　）

(7) 百货商店一个最大的特点是只有一个商品部。　（　　）

(8) 零售业的辩证过程理论基于黑格尔的辩证法。　（　　）

(9) 手风琴理论早在 1943 年就被提出了，1960 年又有人对其进行了完善。　（　　）

(10) 消费者合作社是由消费者自愿组成的合作组织,旨在共同购买和经营商品。( )

2. 单选题

(1) 零售是将商品及( )提供给消费者作为最终消费之用的活动。

A. 相关服务　　　　　B. 价格

C. 商品内容　　　　　D. 物流服务

(2) 菲利普·科特勒认为,零售是指将货物和服务直接出售给最终消费者的所有活动,这些最终消费者是为了个人生活消费,而不是为了( )消费。

A. 个人利益　　　　　B. 社会效益

C. 商业用途　　　　　D. 公共服务

(3) 所有权和经营权归个人或家庭所有,符合这一特征的零售组织是( )。

A. 独立商店　　　　　B. 直营连锁商店

C. 特许经营　　　　　D. 租赁商品部

(4) 特许人授权特许经营者使用其知识产权、品牌和经营模式,符合这一特征的零售组织是( )。

A. 独立商店　　　　　B. 直营连锁商店

C. 特许经营　　　　　D. 租赁商品部

(5) 所有店铺都由同一家公司或品牌拥有和管理,符合这一特征的零售组织是( )。

A. 独立商店　　　　　B. 直营连锁商店

C. 特许经营　　　　　D. 租赁商品部

(6) 客户支付一定的租金来使用租赁商品,符合这一特征的零售组织是( )。

A. 独立商店　　　　　B. 直营连锁商店

C. 特许经营　　　　　D. 租赁商品部

(7) 公司拥有和控制从供应商到零售商的整个供应链,符合这一特征的零售组织是( )。

A. 独立商店　　　　　B. 直营连锁商店

C. 垂直营销系统　　　　D. 消费者合作社

(8) 消费者通过购买合作社的股份成为成员,符合这一特征的零售组织是( )。

A. 独立商店　　　　　B. 直营连锁商店

C. 垂直营销系统　　　　D. 消费者合作社

(9) 零售组织的发展变化必须要与社会经济环境相适应,例如生产结构、技术革新、消费增长及竞争态势等,这属于零售组织演化规律理论中的( )。

A. 生命周期理论　　　　B. 手风琴理论

C. 零售轮转理论　　　　D. 自然淘汰理论

(10) 顾客可以毫无顾忌地、自由自在地进出商店,符合这一特征的变革是( )。

A. 销售方式上的根本性变革

B. 经营上的根本性变革

C. 组织管理上的根本性变革

D. 内部管理上的根本性变革

3. 多选题

(1) 第三次零售变革中，连锁商店的基本特征表现在哪些方面？(　　)

A. 标准化管理

B. 专业化分工

C. 集中化进货

D. 简单化作业

(2) 第四次零售变革对零售业的影响表现在哪些方面？(　　)

A. 网络技术打破了零售市场的时空界限

B. 服务质量明显提升

C. 零售商内部组织面临重组

D. 经营费用大大下降

(3) 第二次零售变革对零售业的影响表现在哪些方面？(　　)

A. 数字化科技带来了购物的便利

B. 开架售货方式流行

C. 购物时间大大节省

D. 舒适的购物环境普及

(4) 零售业中的某些变化之所以能提升到重大变革的高度，必须满足哪三个方面的条件？(　　)

A. 革新性

B. 冲击性

C. 广延性

D. 可持续性

(5) 以下哪几项符合特许经营的特点？(　　)

A. 特许人授权特许经营者使用其知识产权、品牌和经营模式

B. 特许经营者通常支付一定的特许权使用费或提供一定的销售额分成

C. 特许经营者在经营中可以享受到特许人的品牌知名度和经验积累

D. 特许经营者需要遵守特许人的经营准则和标准，以确保品牌一致性和控制质量

模块二　零售业态

本模块知识结构图

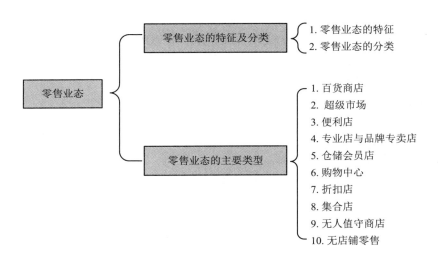

2.1　零售业态的特征及分类

知 识 目 标

1. 了解零售业态。
2. 了解零售业态国家标准《零售业态分类》(GB/T 18106—2021)。

技 能 目 标

1. 能够识别有店铺零售和无店铺零售。
2. 能够通过不同要素组合出不同的零售业态。

素 养 目 标

1. 通过零售业态国家标准，提升学生对标准重要性的认识。
2. 通过任务实训项目，培养学生的团队沟通协作能力。

引　例

天虹数科的多业态经营

从百货商店到购物中心，从单店到连锁，从珠三角到长三角，从传统零售到全面数字化……天虹一步一个脚印，逐渐成长为全国性连锁零售企业。

1. 变形之路

成立于 1984 年的天虹，是深圳最早的百货商店品牌。

1985 年 1 月 18 日，天虹第一家百货商店深南天虹开业，标志着天虹正式开启了零售业的征程。

2000 年 4 月 29 日，第二家门店深圳东门天虹开业，天虹迈向了连锁发展的道路。2002 年 10 月 1 日，南昌江大天虹开业，天虹开启异地连锁时代。

2011 年，天虹实施了"双品牌战略"："天虹"品牌定位于中高端百货，"君尚"品牌定位于高端百货。

紧跟发展趋势，天虹开始向全渠道、多业态全面转型。2013 年 10 月 26 日，天虹首家购物中心——深圳宝安中心区天虹购物中心正式亮相。

2. 有限门店＋无限网店

在电商的冲击之下，传统百货商店单凭规模化扩张难以真正突破发展瓶颈。只靠单一的线下销售方式也必然是行不通的，打通线上是大势所趋。天虹瞄准数字化转型，找到了内生化增长动力点。天虹在行业内率先转型，突破传统购物模式，践行数字化、体验式、供应链三大业务战略，大力发展线上线下一体化的智慧零售商业模式。天虹旗下业态已全面接入天虹 App。天虹 App 是天虹线上业务的中枢，承担了会员中心、商品中心、营销中心、大数据中心和流量共享中心等职能。

3. 从百货到多业态经营的天虹数科

2020 年 6 月，"天虹商场股份有限公司"更名为"天虹数科商业股份有限公司"，定位线上线下一体化消费服务平台。

天虹数科目前已确立百货商店、超市、购物中心、便利店四大实体业态与移动生活消费服务平台天虹 APP 的线上线下融合的多业态发展格局，有"天虹"、"君尚"、"sp@ce"、"微喔"四大品牌。有平台与垂直两类业务，平台型业务主要是百货商店、购物中心等业态，以联营、租赁等合作模式为主；垂直型业务主要为超市、便利店等业态，超市主要是自营模式，便利店主要为加盟模式。

天虹百货：面积约 1 万～6 万平方米，为家庭消费者提供时尚优质的生活，拥有中心百货、社区百货等形态。

天虹购物中心：面积在 6 万平方米以上，定位为畅享欢乐时光的生活中心，内容囊括吃喝玩乐、生活零售、儿童成长、便利生活四个方面，并通过打造特色主题街区提高项目的体验性和吸引力。

天虹超市：面积在 2000～10 000 平方米，定位为中高端、数字化、体验式的生活超市。

天虹便利店：致力于打造便利、品质、健康、温暖的新型便利店，是中青年消费者、都市白领一日五餐的提供者，推出微喔便利店(20～200 平方米)、微喔生活店(300～500 平方米)两种便利店。

天虹 APP：为用户量身打造融合线上和线下、购物和服务于一身的创新型零售 App，作为天虹业务数字化的统领，是天虹的会员中心、商品中心、营销中心、大数据中心和流量共享中心。

天虹数科从创立初期的百货商店起步，逐渐扩大规模并进军连锁市场，最终发展成为一家多业态的零售企业。天虹积极进行数字化转型，通过建立线上业务中枢天虹 App，实现线上线下一体化发展并通过不同业态的组合，如百货商店、购物中心、超市和便利店，满足不同消费者的需求。多业态经营模式有效地推动了企业的内生增长，为顾客提供了更好的购物体验。

2.1.1　零售业态的特征

2021 年 10 月 1 日，我国实施零售业态国家标准《零售业态分类》(GB/T 18106—2021)，该标准对于零售业态的特征定义如下：

(1) 为满足不同的消费需求，商品零售经营者对相应要素进行组合而形成的不同经营形态。

(2) 零售业态是根据不同目标顾客和消费需求而形成的，每一种零售业态都是为了满足某一特定目标市场需求而存在的。

(3) 目标顾客需求决定了零售商店的经营效率，只有采取与目标市场需求相适应的零售业态，零售商店的经营才有效益。

【课堂讨论】

商品经营者对相应要素进行组合以形成不同经营形态，这些要素有哪些？

2.1.2　零售业态的分类

在《零售业态分类》(GB/T 18106—2021)中，根据有无固定营业场所，零售业态可分为有店铺零售和无店铺零售两大类。

1. 有店铺零售

有店铺零售指有相对固定的，进行商品陈列、展示和销售的场所和设施，并且消费者的购买行为主要在这一场所内完成的零售活动，分为便利店、超级市场、折扣店、仓储会员店、百货店、购物中心、专业店、品牌专卖店、集合店、无人值守商店等 10 种零售业态。

2. 无店铺零售

无店铺零售指通过互联网、电视/广播、邮寄、无人售货设备、流动售货车或直销等，将自营或合作经营的商品，通过物流配送、消费者自提、面对面销售等方式送达消费者的零售活动，分为网络零售、电视/广播零售、邮寄零售、无人售货设备零售、直销、电话零售、流动货摊零售等 7 种零售业态。

【课堂训练】

请分别列出五个有店铺零售和无店铺零售的品牌。

任 务 实 训

1. 任务描述

(1) 零售业态分类并没有出现"新零售"这种业态,请调研什么是"新零售"以及新零售的本质是什么。

(2) 以小组为单位,整理和分析搜索资料,制作 PPT,并进行汇报。

2. 任务要求

(1) 实训采用"课外+课内"的方式进行,资料的收集整理和制作 PPT 在课外完成,成果展示安排在课内。

(2) 每小组 PPT 成果展示时间为 10 分钟,教师点评 5 分钟。

3. 任务评价

任务评价信息如表 2-1 所示。

表 2-1　任 务 评 价 表

评分要素	评分点	权重	表 现 要 求	得分
技能运用	信息收集	10	能够使用搜索引擎查找并收集信息资料	
	新零售识别	20	能够通过收集到的信息分析新零售的本质	
	资料整合	20	能够对收集到的信息进行整合,逻辑清晰,语言表述通俗易懂、简明扼要,数据翔实,图文并茂	
成果呈现	团队协作	15	团队成员能共同协作完成任务	
	表现力	15	思路表达清晰,陈述完整,关键问题表述正确	
	PPT	20	美观,配色合理,排版整洁、清晰,风格统一,内容严谨、充实、饱满,表达清晰、主次分明	

2.2 零售业态的主要类型

知识目标

1. 了解零售业态的主要类型。
2. 掌握主要类型零售业态的特点。

技能目标

能够根据零售业态特点识别出各种零售业态。

素养目标

1. 通过任务实训项目，训练学生的调研能力。
2. 通过任务实训项目，提升学生的对比分析能力。

引例

京东与苏宁易购的零售业态

为了满足消费者的不同需求，目前国内很多零售企业都发展了不同的业态。

京东是中国最大的自营式电商企业之一，它提供了广泛的产品类别，涵盖电子设备、家居用品、时尚服装、食品、图书、汽车配件等多个领域。其主要业态类型包括以下几种：

(1) 在线购物平台。京东通过其网站和移动应用提供在线购物服务，消费者可以浏览并购买各类商品。京东的平台提供多种支付方式和物流配送选项，以满足消费者的需求。

(2) 无人零售店。京东推出了无人零售店概念，名为"京东便利店"。这些便利店利用人工智能、摄像头和传感器等技术，实现自助购物和支付。顾客可以在无人店内扫描商品并自助结账。

苏宁易购是中国最大的家电零售商之一，它在零售业中展示了多样的零售业态，主要包括以下几种：

(1) 百货商店。苏宁易购在全国范围内拥有大量的实体门店，涵盖了家电、数码产品、家居用品等多个品类。这些门店提供展示和销售商品的实体购物环境，消费者可以亲自前往体验和购买产品。

(2) 购物中心。苏宁广场是苏宁旗下的大型综合型购物中心，它不仅提供家电、数码产品，还包括时尚服装、家居装饰、餐饮娱乐等多种商品和服务。苏宁广场结合了购物、娱乐和休闲等元素，为消费者创造了全方位的购物体验。

(3) 无人零售店。苏宁易购推出了无人零售店的概念，名为"苏宁小店"。这些小店利用人工智能和物联网技术，实现无人值守的自助购物和支付。消费者可以通过扫码进入小店，选择商品并自助结账。

通过以上不同的线下零售业态，苏宁易购满足了消费者对家电和其他商品的购物需求，并通过百货商店、购物中心和无人零售店等方式提供了多样化的购物体验。

京东与苏宁发展的不同零售业态，是根据不同的零售业态特点开展的差异化经营策略，大大提高了各自的竞争力。零售企业在经营不同的零售业态时，需要对零售业态的特点进行充分研究分析，把握零售行业发展趋势，将目标顾客、商品结构、价格策略、服务方式、店铺环境等相关要素进行不同组合。

2.2.1　百货商店

百货商店是指以经营品牌服装服饰、化妆品、家居用品、箱包、鞋品、珠宝、钟表等为主，统一经营，满足顾客对品质商品多样化需求的零售业态。

根据《零售业态分类》(GB/T 18106—2021)，百货商店的基本特点如表 2-2 所示。

表 2-2　百货商店的基本特点

业态	基 本 特 点				
	选址	商圈与目标顾客	规模	商品(经营)结构	服务功能
百货商店	市、区级商业中心、历史形成的商业集聚地	以追求时尚和品质的顾客为主	营业面积一般在 10 000～50 000 m²	商品种类齐全，以服饰、鞋类、箱包、化妆品、家庭用品、家用电器为主	注重服务，逐步增设餐饮、娱乐、休闲等服务项目和设施

2.2.2　超级市场

超级市场指以销售食品、日用品为主，满足消费者日常生活需要的零售业态。通常采取开架销售，也可同时采取在线销售。门店内可提供食品现场加工服务及现场就餐服务。

根据《零售业态分类》(GB/T 18106—2021)，超级市场有两种划分方式：

(1) 根据营业面积大小可分为大型超市、中型超市、小型超市。

(2) 根据生鲜食品面积占比可分为生鲜超市、综合超市。

其各自的基本特点如表 2-3 所示。

表 2-3 超级市场的基本特点

业态		基 本 特 点				
		选址	商圈与目标顾客	规模	商品(经营)结构	服务功能
超市	大型超市	市、区商业中心或城乡接合部,交通要道及大型居住区	辐射半径 2 km 以上,目标顾客以居民、流动顾客为主	6000 m² 及以上	各类生活用品、包装食品及生鲜食品,一次性购齐,注重自有品牌开发	通常设置不低于营业面积40%的停车场,营业时间 12 h 或以上。可提供线上订货服务
	中型超市	市、区商业中心、居住区	辐射半径 2 km 左右,以商业区目标顾客、社区便民消费为主	2000~5999 m²	日常生活用品、包装食品及生鲜食品,单品数少于大型超市	营业时间 12 h 或以上。可提供线上订货服务
	小型超市	市、区商业中心、居住区	辐射半径 1 km 左右,社区便民消费为主	200~1999 m²	包装食品及生鲜食品为主,提供日常生活必需品	营业时间 12 h 或以上,通常提供便民服务。可提供线上订货服务
	生鲜超市	社区周边,大型购物中心的配套业态	辐射半径 2 km 左右,以商业区目标顾客、周边居民为主	一般在 200~6000 m²	生鲜食品、包装食品为主,配置必需的非食商品,总经营品种在 0.7 万~1.5 万左右	营业时间 12 h 或以上,提供生鲜食品简单处理、加工服务。可提供线上订货服务
	综合超市	市、区商业中心、居住区	辐射半径 5 km 左右,以商业区目标顾客、周边居民为主	一般在 2000~10000 m²	非食品类商品单品数较多,经营品种齐全,共 1.5 万~3 万种。满足顾客日常生活用品一次购齐	营业时间 12 h 或以上。可提供线上订货服务

2.2.3 便利店

便利店是以销售即食商品为主,满足顾客即时性、服务性等便利需求为主要目的的小型综合零售形式的业态。便利店主要有社区型便利店、客流配套型便利店、商务型便利店、加油站型便利店。

根据《零售业态分类》(GB/T 18106—2021)，便利店的基本特点如表 2-4 所示。

表 2-4 便利店的基本特点

业态		基 本 特 点				
		选址	商圈与目标顾客	规模	商品(经营)结构	服务功能
便利店	社区型便利店	位于社区周边	主要顾客为社区内常住人员，客流稳定	门店面积一般在 50～199 m²，货架组数在 15～25 组	以日常生活用品、饮料、烟酒、应急性商品以及部分生鲜商品为主。根据社区档次的不同，商品结构有所不同	营业时间通常在 16 h 以上，可提供线上订货及多种便民服务。有些便利店提供送货上门或顾客自提服务
	客流配套型便利店	位于火车站、公交站、码头、地铁站等公共交通枢纽以及景点、商业中心等人流量较为密集的区域周边	顾客群体以上班族和出游人群为主	门店面积一般在 50～120 m²，货架组数在 15～25 组	以饮料、香烟、即食品、休闲食品、报纸杂志为主，位于旅游景点的店铺销售旅游纪念品	以提供即食商品(早餐、盒饭)、手机充电、ATM 取款、上网等服务为主
	商务型便利店	位于写字楼集中的区域及周边	顾客群体以收入较高的商务人士为主	门店面积一般在 20～80 m²，货架组数在 10～20 组，设置就餐简易设施	以鲜食盒饭、即食商品、现冲饮料、新鲜水果、功能性饮料、蜜饯糖果、时尚小商品为主	提供早、中、晚即食商品，以及信用卡还款、上网等服务。有些提供线上订货服务
	加油站型便利店	加油站内	顾客群体以司乘人员为主	门店面积一般在 10～120 m²，货架组数不等	以食品、饮料、香烟、应急商品、汽车养护用品为主	提供 ATM 取款等金融服务，以及洗车等汽车相关服务

2.2.4 专业店与品牌专卖店

专业店是指经营某一类或相关品类商品及服务的零售业态，如办公用品专业店、家电专业店、药品专业店、服饰店、体育用品专业店和家居建材商店等。品牌专卖店是指经营或被授权经营某一品牌商品的零售业态。

根据《零售业态分类》(GB/T 18106—2021)，专业店与品牌专卖店的基本特点如表 2-5 所示。

表 2-5 专业店与品牌专卖店的基本特点

业态	基本特点				
	选址	商圈与目标顾客	规模	商品(经营)结构	服务功能
专业店	在交通便利或远离市中心的交通主干道旁，或者市、区级商业中心以及百货店、购物中心内	目标顾客以有目的地选购某类商品的流动顾客为主	根据商品特点而定	以销售某类商品为主，体现专业性、深度性，品种丰富，选择余地大	现场售卖人员可提供专业建议。无人值守专业店由消费者自助完成购物
品牌专卖店	市、区级商业中心、专业街以及百货店、购物中心内	目标顾客以中高档消费者和追求时尚的年轻人为主	根据商品特点而定	以销售某一品牌系列商品为主，销售量少、质优、毛利高	注重品牌声誉，从业人员专业知识丰富，提供专业服务。无人值守专卖店由消费者自助完成购物

2.2.5 仓储会员店

仓储会员店以会员为目标顾客，实行储销一体、批零兼营，以提供基本服务、优惠价格和大包装商品为主要特征的零售业态。

根据《零售业态分类》(GB/T 18106—2021)，仓储会员店的基本特点如表 2-6 所示。

表 2-6 仓储会员店的基本特点

业态	基本特点				
	选址	商圈与目标顾客	规模	商品(经营)结构	服务功能
仓储会员店	城乡接合部的交通要道	辐射半径 5 km 以上，目标顾客以中小零售店、餐饮店、集团和流动顾客为主	营业面积一般在 5000 m² 以上	以大众化衣、食、日用品为主，自有品牌占相当部分，商品种类通常在 0.4 万～1.2 万种左右，实行低价、批量销售	设相当于经营面积的停车场。有些可提供线上订货服务

2.2.6 购物中心

购物中心是由不同类型的零售、餐饮、休闲娱乐及提供其他服务的商铺按照统一规划，在一个相对固定的建筑空间或区域内统一运营的商业集合体。其主要有如下几种分类：

(1) 都市型购物中心。都市型购物中心以满足顾客中高端和时尚购物需求，配套餐饮、休闲娱乐、商务社交等多元化服务，位于城市的核心商圈或中心商务区，辐射半径可以覆盖甚至超出所在城市。

(2) 区域型购物中心。区域型购物中心满足不同收入水平顾客的一站式消费需求，购物、餐饮、休闲和服务功能齐备，所提供的产品和服务种类丰富，位于城市新区、城乡接合部的商业中心或社区聚集区，紧邻交通主干道或城市交通节点，辐射半径在 5 km 以上。

(3) 社区型购物中心。社区型购物中心以满足周边居民日常生活所需为主，配备必要的餐饮和休闲娱乐设施，位于居民聚居区的中心或周边，交通便利。

(4) 奥特莱斯型购物中心。奥特莱斯型购物中心以品牌生产商或经销商开设的零售商店为主体，以销售打折商品为特色，位于交通便利或远离市中心的交通主干道旁，或开设在旅游景区附近。

根据《零售业态分类》(GB/T 18106—2021)，购物中心的基本特点如表 2-7 所示。

表 2-7 购物中心的基本特点

业态		基本特点				
		选址	商圈与目标顾客	规模	商品(经营)结构	服务功能
购物中心	都市型购物中心	城市的核心商圈或中心商务区，街区型或封闭型建筑结构	商圈可覆盖甚至超出所在城市，满足顾客购物、餐饮、商务、社交、休闲娱乐等多种需求	不包含停车场的建筑面积通常在 50 000 m² 以上	购物、餐饮、休闲和服务功能齐备，时尚、休闲、商务、社交特色较为突出	提供停车位、导购咨询、个性化休息区、手机充电、免费无线上网、ATM 取款等多种便利措施
	区域型购物中心	位于城市新区、城乡接合部的商业中心或社区聚集区，紧邻交通主干道或城市交通节点，以封闭的独立建筑体为主	辐射半径在 5 km 以上，满足不同收入水平顾客的一站式消费需求	不包含停车场的建筑面积通常在 50 000 m² 以上	购物、餐饮、休闲和服务功能齐备，所提供的产品和服务种类丰富	提供停车位，通常还提供导购咨询服务、个性化休息区、手机充电、免费无线上网、免费针线包、ATM 取款等便利措施
	社区型购物中心	位于居民聚居区的中心或周边，交通便利。以封闭的独立建筑体为主	辐射半径在 3 km 以内，满足周边居民日常生活所需为主	不包含停车场的建筑面积通常为 10 000 ～50 000 m²	以家庭生活、休闲、娱乐为主，配备必要的餐饮和休闲娱乐设施，服务功能齐全	提供停车位，通常还提供休息区、手机充电、免费无线上网、免费针线包、ATM 取款等便利措施
	奥特莱斯型购物中心	在交通便利或远离市中心的交通主干道旁，或开设在旅游景区附近。建筑形态为街区型或封闭型	辐射所在城市或周边城市群，目标顾客为品牌拥护者	不包含停车场的建筑面积通常在 50 000 m² 以上	以品牌生产商或经销商开设的零售店为主体，以销售打折商品为特色	提供停车位

【课堂讨论】

购物中心的本质是什么？

2.2.7　折扣店

折扣店店铺装修简单，是提供有限服务、商品价格低廉的一种小型超市业态，通常拥有不到 2000 个单品，其自有品牌商品数量高于普通超市的自有品牌商品数量。

根据《零售业态分类》(GB/T 18106—2021)，折扣店的基本特点如表 2-8 所示。

表 2-8　折扣店的基本特点

业态	基本特点				
	选址	商圈与目标顾客	规模	商品(经营)结构	服务功能
折扣店	居民区、交通要道等租金相对便宜的地区	辐射半径 2 km 左右，目标顾客主要为商圈内的居民	营业面积一般在 300～500 m²	商品平均价格低于市场平均水平，自有品牌占有较大的比例	用工精简，提供有限服务。有些店铺可提供线上订货服务

2.2.8　集合店

集合店汇集多个品牌及多个系列的商品，是涵盖服饰、鞋、包、文具、电子产品、食品等多种品类的零售店。根据《零售业态分类》(GB/T 18106—2021)，集合店的基本特点如表 2-9 所示。

表 2-9　集合店的基本特点

业态	基本特点				
	选址	商圈与目标顾客	规模	商品(经营)结构	服务功能
集合店	市、区级商业中心、专业街以及百货店、购物中心内	目标顾客为品牌特定消费者	面积通常在 300～1500 m²	汇集多个品牌及多个品类的商品，产品间有较强的关联性	注重品牌声誉，从业人员专业知识丰富，提供专业服务

2.2.9　无人值守商店

无人值守商店是在营业现场无人工服务的情况下，自助完成商品销售或服务的零售店。根据《零售业态分类》(GB/T 18106—2021)，无人值守商店的基本特点如表 2-10 所示。

表 2-10　无人值守的商店基本特点

业态	基 本 特 点				
	选址	商圈与目标顾客	规模	商品(经营)结构	服务功能
无人值守商店	位于大卖场、社区、办公楼周边,购物中心内等可以补充其他业态销售的区域	主要顾客群体为追求快捷、方便的购物体验的周边客群	经营面积一般在 10～25 m² 之间	以饮料、休闲食品、应急性商品为主。根据区域不同,商品结构有所不同	可 24 h 营业

2.2.10　无店铺零售

无店铺零售是通过互联网、电视/广播、邮寄、无人售货设备、流动售货车或直销等,将自营或合作经营的商品,通过物流配送、消费者自提、面对面销售等方式送达消费者的零售活动。无店铺零售主要有以下几种:

(1) 网络零售。网络零售是通过电子商务平台、物联网设备等开展商品零售的活动。根据经营模式的不同,网络零售可分为网络自营零售和网络平台零售。

① 网络自营零售。网络自营零售是经营者利用自有网络平台或第三方电子商务平台,自主经营、销售商品的零售活动。

② 网络平台零售。网络平台零售是通过电子商务平台为商品经营者提供网页空间、虚拟经营场所等相关服务,助其完成商品交易的零售模式。

(2) 电视/广播零售。电视/广播零售是以电视、广播作为商品展示、推介渠道,提供使用效果、方法等推介内容并取得订单的零售业态。

(3) 邮寄零售。邮寄零售是以邮寄商品目录为主,向消费者进行商品展示、推介,并通过邮寄等方式将商品送达给消费者的零售业态、

(4) 无人售货设备零售。无人售货设备零售是通过售货设备、智能货柜或贴有支付码的货架等进行商品售卖的零售业态。

(5) 直销。直销在固定营业场所之外,直销企业招募的直销员直接向最终消费者推销产品的零售业态。

(6) 电话零售。电话零售是通过电话完成销售的零售业态。

(7) 流动货摊零售。流动货摊零售是通过移动售货车或其他展示、陈列工具销售食品、饮料、服饰、鞋帽等日常消费品的零售形式。

根据《零售业态分类》(GB/T 18106—2021),无店铺零售各业态的基本特点如表 2-11 所示。

表 2-11 无店铺零售的基本特点

业态	基本特点			
	目标顾客	商品(经营)结构	商品售卖方式	服务功能
网络零售	追求便捷、省时、省力消费体验的顾客	根据目标顾客设定产品结构	在线交易	送货到指定地点或指定自提点
电视/广播零售	以电视观众、收音机听众为主	商品具有某种特点,与市场上同类商品相比,有一定差异性	以电视、广播向消费推介商品,通过电话订购	送货到指定地点
邮寄零售	商品目录或报纸、杂志的阅读者	商品适宜储存和运输	以商品目录、报纸、杂志向消费者进行商品宣传,消费者事先打款,通过邮购或快递收到货物	邮寄或快递到指定地点
无人售货设备零售	以交通节点、商业区等流动顾客和固定区域(如办公区、生活区)顾客为主	以饮料、预包装食品和简单生活洗化用品为主,商品单品数通常在30种以内	通过自动售货机、无人货架、智能货柜等设备,消费者自助购买	自助服务
直销	根据不同的产品特性,目标顾客不同	商品以某一类或多品类为主,系列化	销售人员直接与消费者接触,向其销售产品	送货到指定地点或自提
电话零售	根据不同的产品特点,目标顾客不同	商品单一,以某类品种为主	通过电话完成销售	送货到指定地点
流动货摊零售	随机顾客	商品单价较低,满足即时性、冲动性购物需求	面对面销售	立刻获得商品

【课堂训练】

相似零售业态辨析:
(1) 百货商店是不是购物中心?
(2) 大型超市是不是仓储式会员店?
(3) 小型超市是不是便利店?
(4) 自选商场是不是超市?

(5) 专业店是不是专卖店？

(6) 连锁店是不是零售业态？

(7) 购物中心是不是零售业态？

任务实训

1. 任务描述

(1) 零售业态特征的国内外对比。

(2) 以小组为单位，整理和分析搜索资料，制作 PPT，并进行汇报。

2. 任务要求

(1) 实训采用"课外＋课内"的方式进行，资料的收集整理和制作 PPT 在课外完成，成果展示安排在课内。

(2) 每小组 PPT 成果展示时间为 10 分钟，教师点评 5 分钟。

3. 任务评价

任务评价信息如表 2-12 所示。

表 2-12　任务评价表

评分要素	评分点	权重	表现要求	得分
技能运用	信息收集	10	能够使用搜索引擎查找并收集信息资料	
	零售业态特征对比	20	能够根据收集的资料对国内外不同零售业态特征进行对比，延伸零售业态的发展形式	
	资料整合	20	能够对收集到的信息进行整合，逻辑清晰，语言表述通俗易懂、简明扼要，数据翔实，图文并茂	
成果呈现	团队协作	15	团队成员能共同协作完成任务	
	表现力	15	思路表达清晰，陈述完整，关键问题表述正确	
	PPT	20	美观，配色合理，排版整洁、清晰，风格统一，内容严谨、充实、饱满，表达清晰、主次分明	

模块知识掌握测试

1. 判断题

(1) 集合店面积通常在 300～1500 m²。 （　　）

(2) 折扣店选址在市、区级商业中心、专业街以及百货店、购物中心内。 （　　）

(3) 购物中心是由不同类型的零售、餐饮、休闲娱乐及提供其他服务的商铺按照统一规划，在一个相对固定的建筑空间或区域内，统一运营的商业集合体。 （　　）

(4) 仓储店是指经营某一类或相关品类商品及服务的零售业态。如办公用品专业店、家电专业店、药品专业店、服饰店、体育用品专业店和家居建材商店等。　　　　　　（　　）

(5) 便利店是以销售即食商品为主，满足顾客即时性、服务性等便利需求为主要目的的小型综合零售形式的业态。　　　　　　　　　　　　　　　　　　　　　　（　　）

(6) 超市是指以经营品牌服装服饰、化妆品、家居用品、箱包、鞋品、珠宝、钟表等为主，统一经营，满足顾客对品质商品多样化需求的零售业态。　　　　　　　　（　　）

(7) 大型超市规模在 2000～5999 m² 。　　　　　　　　　　　　　　　　　　　（　　）

(8) 综合超市选址在市、区商业中心、居住区。　　　　　　　　　　　　　　　（　　）

(9) 生鲜超市以生鲜食品、包装食品为主，配置必需的非食商品，总经营品种为 0.7 万～1.5 万。　　　　　　　　　　　　　　　　　　　　　　　　　　　　　　　　　（　　）

(10) 品牌专卖店目标顾客以中高档消费者和追求时尚的年轻人为主。　　　　（　　）

2. 单选题

(1) 顾客追求便捷、省时、省力，商品售卖方式是在线交易，送货到指定地点或指定自提点，符合以上特点的是无店铺零售中的哪种业态？（　　　）

A. 邮寄零售

B. 电视/广播零售

C. 电话零售

D. 网络零售

(2) 顾客是商品目录或报纸、杂志的阅读者，商品以商品目录、报纸、杂志向消费者进行宣传，商品被邮寄或快递到指定地点,符合以上特点的是无店铺零售中的哪种业态？（　　　）

A. 邮寄零售

B. 电视/广播零售

C. 电话零售

D. 网络零售

(3) 顾客以电视观众、收音机听众为主，商品与市场上同类商品相比有一定差异性，以电视、广播向消费推介商品，符合以上特点的是无店铺零售中的哪种业态？（　　　）

A. 邮寄零售

B. 电视/广播零售

C. 电话零售

D. 网络零售

(4) 根据不同的产品特点目标顾客不同，商品单一且以某类品种为主，通过电话完成销售，符合以上特点的是无店铺零售中的哪种业态？（　　　）

A. 邮寄零售

B. 电视/广播零售

C. 电话零售

D. 网络零售

(5) 经营面积一般在 10～25 m² ，是哪种业态类型？（　　　）

A. 无人值守商店

B. 集合店

C. 折扣店

D. 购物中心

(6) 以品牌生产商或经销商开设的零售店为主体，以销售打折商品为特色，符合以上特点的是哪种购物中心？（　　）

A. 奥特莱斯型

B. 区域型

C. 社区型

D. 都市型

(7) 位于居民聚居区的中心或周边，交通便利，以封闭的独立建筑体为主，符合以上特点的是哪种购物中心？（　　）

A. 奥特莱斯型

B. 区域型

C. 社区型

D. 都市型

(8) 在城市的核心商圈或中心商务区，建筑结构为街区型或封闭型，符合以上特点的是哪种购物中心？（　　）

A. 奥特莱斯型

B. 区域型

C. 社区型

D. 都市型

(9) 在城市的核心商圈或中心商务区，建筑结构为街区型或封闭型，符合以上特点的是哪种购物中心？（　　）

A. 奥特莱斯型

B. 区域型

C. 社区型

D. 都市型

(10) 位于火车站、公交站、码头、地铁站等公共交通枢纽以及景点、商业中心等人流量较为密集的区域周边，符合以上特点的是哪种类型的便利店？（　　）

A. 社区型

B. 客流配套型

C. 商务型

D. 加油站型

3. 多选题

(1) 以下哪些选项符合流动货摊零售的特点？（　　）

A. 随机顾客

B. 商品单价较低，满足即时性、冲动性购物需求

C. 面对面销售

D. 立刻获得商品

(2) 以下哪些选项符合无人值守商店的特点？（　　）

A. 主要顾客群体为周边客群，追求快捷、方便

B. 经营面积一般在 10～25 m²

C. 以饮料、休闲食品、应急性商品为主

D. 非 24 小时营业

(3) 以下哪些选项符合仓储会员店的特点？（　　）

A. 选址在城乡接合部的交通要道

B. 目标顾客辐射半径 5 km 以上

C. 营业面积一般在 5000 m² 以上

D. 商品种类通常在 0.4 万～1.2 万种

(4) 以下哪些零售业态属于无店铺零售？（　　）

A. 折扣店

B. 仓储会员店

C. 网络零售

D. 邮寄零售

(5) 以下哪些零售业态属于有店铺零售？（　　）

A. 折扣店

B. 仓储会员店

C. 网络零售

D. 邮寄零售

模块三　零售顾客

本模块知识结构图

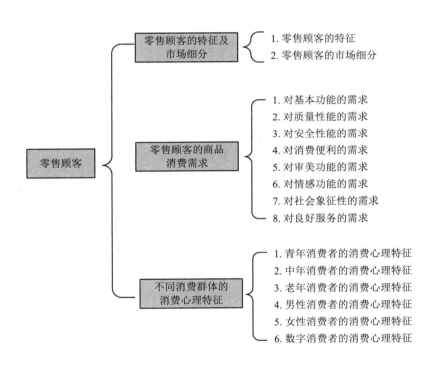

3.1　零售顾客的特征及市场细分

知识目标

1. 了解零售顾客的特征。
2. 掌握零售顾客的市场细分标准和方法。
3. 理解零售顾客的市场细分依据和原则。

技能目标

1. 能够独立完成零售顾客的市场细分，并识别市场营销机会。
2. 能够分析判断市场细分的有效性。
3. 能够规范撰写零售市场调研分析报告。

素养目标

1. 通过引例，引导学生主动适应复杂多变的市场环境，顺势而为。
2. 通过任务实训项目，培养学生识别市场营销机会的敏锐性。

引　例

零售企业如何抓住夏季消费新变化

携程统计，2022 年"五一"假期首日，"露营"访问热度达历史峰值，搜索热度周环比增长 90%。在小红书搜索"露营"，有超过 100 万条笔记，"露营装备"则有超过 10 万条笔记和超过 1 万件商品。

也有一些零售企业提前洞察到这些时令性的消费变化并作出应对，通过开展专场活动、商品搭配以及优惠等方式，着力打造或引导有新意的增长点。

XX洋华堂在线下门店专门推出以"自在露营，自由生活"为主题的户外露营节，围绕主题构建场景、组织商品以及开展各类趣味活动；家X福从露营吃喝玩用各个需求场景出发，推出时令专场活动；"五一"期间北京X马的烤串销量上涨10倍；日前贵州合力超市小试牛刀，掀起"小龙虾"主题美食节。

1. "全场景"激发消费欲

针对春夏季的户外消费，XX洋华堂在成都468伊藤广场1层中庭，全面展现"自在露营，自由生活"户外露营节的"大本营"，提供满足顾客对一场精致低碳露营的全场景想象，沉浸式体验，有场景、有设备、有用品、有零食……，一站式配齐野外露营所需。

现场展示帐篷、天幕、蛋卷桌、可米特武椅等露营中高频出现的实用单品，还有便于野外简易烹饪的烧烤架、烤肉盘、卡式炉及全套一次性碗杯筷叉手套以及手工编制的帽子、杯套、杯垫、小包等点睛露营用品，顾客可任意组合购买。

除了在1层中庭营造氛围感十足的"露营大本营"，伊藤广场每层楼的中间及醒目点位，也有各个露营场景的生动展示，"解锁"各种户外品质好物。

比如2层女装区，主打氛围感穿搭，无论是衬衫+高腰裙，还是卫衣+休闲裤，各种新款春装都是户外上镜"神器"；3层儿童区，开启的是孩子们的露营生活，包括防晒衣、花王纸尿裤、哈罗闪防晒喷雾、抽绳束腰皮肤衣、速干面料印花T恤等轻薄透气、安全舒适的服装、用品，以及电动泡泡枪、儿童水壶等玩具。4层男装区，推荐了男士感兴趣的露营装备，除了必不可少的帐篷、营地灯等"硬件"，防风衣、速干T恤、登山包、护膝等"软件"也应有尽有；而5层生活用品区，更是营造了一个全方位的露营场景，集中展示了露营可能用到的产品及大小物件，如便携式的卡式炉，烧烤架、烤肉盘、户外收纳箱，还有支撑伊藤"无痕露营"倡议的可降解垃圾袋、环保材料的一次性碗盘、折叠购物袋等。

2. 紧抓需求"烟火气"

随着夏季到来，在一些地区，户外消费场景也迎来旺季。条件允许的企业，可以在超市门口外广场开启"市集、夜场、摆摊"等更具烟火气的经营模式。

比如日前贵州合力超市通过直采、与供应商联合等方式开展小龙虾主题营销活动，既可以现场挑选活虾，也可以享受现场烹制的成品小龙虾，并引发了关联商品的热销，仅小龙虾单天便实现10万元销售，毛利率在15%左右。

"这是链条完备的一次季节性商品售卖活动，借助周末促销活动、场外打造，活蹦乱跳的小龙虾配合现场制售如蒜蓉、麻辣、十三香等口味，既营造了新鲜氛围、刺激了顾客食欲，还提升了门店业绩。"因此，超市企业要善于提前抓机会，尤其在夏季，是食材生熟一体化售卖提升业绩的绝佳时期。

零售的核心要素包括人(零售顾客)、货(零售供应链)、场(零售科技)，顾客的重要性不言而喻。零售企业通过分析零售顾客的特征，把握市场细分方法，识别市场营销机会，最大限度地满足顾客潜在需求，扩大零售企业的市场占有量。

3.1.1 零售顾客的特征

1. 非营利性

零售顾客购买商品是为了获得某种使用价值，满足自身的生活消费的需要，而不是为了盈利去转手销售。

2. 零星性

消费品市场顾客众多，涉及千家万户甚至社会所有成员，市场分散。客户消费频率较高，但每次购买产品数量较少。

3. 非专业性

消费商品时，大多数顾客都是外行，即他们缺乏相应的产品知识和市场知识，其消费行为属于非专业性消费，而且受广告宣传等因素的影响，顾客的消费行为往往具有自发性、冲动性，并具有较大程度的可诱导性和可调节性。

4. 层次性

由于顾客的收入水平不同，所处社会阶层不同，顾客的需求会表现出一定的层次性。一般来说，顾客总是先满足最基本的生存需要和安全需要，购买衣食住行等生活必需品，而后才会视情况逐步满足较高层次需求，购买享受型和发展型商品。

5. 多样性

零售顾客大多是受众多因素影响的个人或家庭，由于他们在年龄、性别、职业、文化水平、经济条件、个性特征、地域、生活方式等方面存在差异，因此消费行为呈现多样性。随着消费力的不断提高，人们会更加注重个性消费，因而多样性还将呈不断扩大的趋势。

6. 多变性

随着时代的变迁，科技的进步，收入的提高，顾客的需求会经历一个由低级到高级、由简单到复杂、由粗到精的变化发展过程，而不会永远停留在一个水平，一成不变。

3.1.2 零售顾客的市场细分

市场细分是美国市场营销学家温德·史密斯在 1956 年提出来的，他主张凡是市场上的产品或劳务的购买者超过两个以上，这个市场就有被细分为许多个子市场的可能。该观点一经提出，立即被理论界接受，同时受到企业重视，并迅速得以利用，至今仍被广泛应用。

1. 市场细分的概念

所谓市场细分，就是企业通过市场调查、分析，根据消费者需求的差异性，把整体市场划分为若干具有某种相似特征的顾客群，以便选择确定自己的目标市场的工作过程。简而言之，就是分辨具有不同欲望和需求的顾客群，把他们分别归类的过程。

理解这一概念需注意的是，细分市场不是以物品来进行划分的，而是从消费者需求差异性的角度进行划分的，是根据市场细分的理论基础，即消费者的需求、动机、购买行为的多元化和差异性来划分的。

2. 市场细分的依据

市场细分的客观依据主要在于以下几个方面。

1) 市场需求的差异性

每个消费者由于个性、年龄、地理位置、文化背景、职业等方面的不同，他们在购买商品时在动机、欲望和需求上存在着一定的差异。例如，购买手机时，不同的消费者对手机的造型、功能、颜色等的需求是不同的。由于有这种差异性，企业就可以把需求大体相似的消费者划分为同一群体，以相应的商品去满足他们的需求。

2）市场需求的相似性

人们的消费需求各有差异，但这种差别之中又包含着某种共性。例如，我国消费者中需求千差万别，可大学生群体具有相似的消费特征，追求个性、讲究品位，喜欢独特的产品，这种相似性使不同消费者需求再次聚集，形成相类似的消费群体，从而构成具有一定个性特征的细分市场。

3）企业营销能力的限制

无论是哪个企业，其经营能力、经营范围总归有限，不可能为消费者提供所需的全部商品，而只能根据企业的长处，去生产和经营某一方面或几方面的商品，满足某一部分或若干部分消费者的需求。这就要求企业必须将复杂多变的整体市场细分，在共性中求个性，在个性中求共性，发挥企业优势，更好地满足消费者的需求。

4）企业发掘市场机会的需要

随着市场经济的进一步发展，买方市场的进一步形成和卖方之间市场竞争的加剧，有厚利可图的市场越来越少，可以利用的营销机会很难寻觅。企业只有依靠市场细分来发掘未满足的市场需求，寻求有吸引力的、符合自己目标和资源的营销机会，才能在激烈的市场竞争中求得生存和发展。例如，传统的家具商场试图将家具卖给所有的人，而瑞典的宜家家居却把目标定位于那些追求风格又图便宜的年轻人身上，从而赢得了自己的市场。

3. 市场细分的方法

市场细分的作用能否得到充分发挥，取决于企业采用什么方法对整个市场进行划分，划分的标准是否合理有效。

1）市场细分标准

一种产品的整体市场之所以可以细分，是由于消费者或用户的需求存在差异性，引起消费者需求差异性的变量很多，实际中，企业一般是组合运用有关变量来细分市场，而不是单一采用某一变量。消费品市场的细分标准可以概括为地理因素、人口统计因素、心理因素和行为因素四个方面，每个方面又包括一系列的细分变量，如表 3-1 所示。

表 3-1　消费者市场细分标准及变量

标准	变量	详　细　说　明	应用举例
地理因素	地区	东部、西部、南部、北部、中部	北方居民对冬衣的需求时间较长，数量也较多，而南方居民则需要更多的春夏服装。饮食口味上，我国就有"南甜北咸、东辣西酸"之说
	城市规模	<50 000 人、50 000～100 000 人、100 000～250 000 人、250 000～500 000 人、500 000～1 000 000 人、1 000 000～4 000 000 人、≥4 000 000 人	
	人口密度	市区、郊区、乡村	
	气候	热带、亚热带、潮湿、寒冷	

续表

标准	变量	详　细　说　明	应用举例
人口统计因素	年龄	<6岁、6～11岁、12～19岁、20～34岁、35～49岁、50～64岁、≥65岁	儿童对玩具、少儿读物的需求量最多，青少年对时装、旅游、娱乐的需求最多，而营养滋补品和医疗保健用品需求者多为老年人，等等。玩具、服装、食品等市场均可按年龄来进行细分
	家庭规模	1人、2人、3人、4人、5人、≥6人	
	家庭生命周期	单身，已婚、无子女，已婚、有子女	
	性别	男性、女性	
	年收入	<10 000元、10 000～20 000元、20 000～30 000元、30 000～50 000元、50 000～100 000元、≥100 000元	
	职业	国家机关、党群组织、企事业单位负责人，专业技术人员，办事人员和有关人员，商业、服务业人员，农、林、牧、渔、水利业生产人员，生产、运输设备操作人员及有关人员，军人，不便分类的其他从业人员	
	受教育程度	小学或以下、初中毕业、高中毕业、中专毕业、大专毕业、本科毕业、硕士毕业、博士、其他	
	宗教	佛教、道教、伊斯兰教、天主教、其他	
	民族	汉族、满族、回族、藏族等	
	国籍	中国、日本、韩国、美国、英国、德国等	
心理因素	生活方式	文化导向型、运动导向型、户外导向型等	多血质型消费者选购商品时易受环境影响，商家通过商品包装、造型、命名等吸引这类消费者
	个性	多血质型、黏液质型、胆汁质型、抑郁质型等	
行为因素	场合	普通场合、特殊场合	航空公司为商务人士创设宽敞舒适的商务舱位，并提供一系列优质服务；而为旅游爱好者设置了紧凑的座位和长期预留的机票(给予折扣优待)，通过这种办法赢得竞争优势
	利益	质量、服务、经济、速度	
	使用者状况	从未使用、首次使用、经常使用、曾经使用	
	使用率	偶尔使用、适度使用、频繁使用	
	忠诚度	没有、适度、强烈、绝对	
	准备阶段	未知晓、知晓、已了解、有兴趣、想得到、企图购买	
	对产品的态度	热衷、积极、不关心、否定、敌视	

【课堂训练】

下述产品或服务可以依据多个标准进行细分，请找出较佳的标准。

美容美发；汽车；旅游；奶粉。

2）市场细分的方法

根据上述相应的标准，可采用以下三种方法进行市场细分。

(1) 单因素细分法。单因素细分法是指根据市场营销调研结果，选择影响消费者需求最主要的因素作为细分变量，从而达到市场细分的目的。这种细分法以公司经营实践、行业经验和顾客的了解为基础，寻找一种能有效区分客户，并使公司的营销组合产生有效对应的变量。比如女性化妆品差异的主要因素是年龄，可以针对不同年龄段的女性设计适合不同需要的化妆品。

(2) 双因素细分法。双因素细分法是根据影响市场需求的两种因素的组合，对整体市场进行细分。如服装市场，可按人口因素中的年龄和性别两个因素进行细分。如表 3-2 所示，共划分了十个细分市场，服装运营商可根据企业资源和能力，选择合适的细分市场。

表 3-2　服装市场的双因素细分市场

	婴儿	儿童	青年	中年	老年
女	女婴市场	女童市场	青年女性市场	中年女性市场	老年女性市场
男	男婴市场	男童市场	青年男性市场	中年男性市场	老年男性市场

(3) 多因素细分法。多因素细分法，即用影响消费需求两种以上的因素对整体市场进行综合细分。例如使用率(偶尔饮用、适度饮用、频繁饮用)、收入水平(高、中、低)、年龄(青年、中年、老年)三个因素，将红酒市场划分为不同的细分市场。

【课堂讨论】

对产品目标市场进行细分，是现代企业营销工作必须常修炼的功课，包括奶粉、牙膏等居民生活消费品也不例外。那么，是否可以推断出，任何居民日用消费品如食盐、白糖等都必须进行市场细分？为什么？

3）市场细分的原则

通过对市场的细分，可得到若干个细分市场，但并不是所有的细分市场都是有效的。有效的市场细分应该遵循以下几个原则。

(1) 差异性。差异性是指细分市场之间客观存在着对某种产品购买和消费上的明显的差异性，不同的细分市场对营销组合应该会有不同的反应。如果不同的细分市场顾客对产品需求差异不大，行为上的同质性远远大于其异质性，此时企业就不必费力对市场进行细分。另外，对于细分出来的市场，企业应当分别制定出独特的营销方案，如果无法制定出这样的方案，或其中某几个细分市场对是否采用不同的营销方案不会有很大的差异反映，则不必进行市场细分。

(2) 可衡量性。可衡量性是指细分的市场是可以识别和衡量的，即细分市场不仅范围明确，而且对其容量大小也能大致做出明确的判断。如果细分后的市场太过于模糊，且对该细分市场的特征、客户特征、数量都一无所知的话，这种细分就失去了意义。比如，以地理因素、消费者年龄和经济状况等因素进行市场细分时，这些消费者特征就很容易衡量，而以消费者心理因素和行为因素进行市场细分时，其特征就很难衡量。比如，"热爱家庭生活"的消费者有多少，就不易衡量。

(3) 可进入性。可进入性是指企业在现有资源条件下，营销工作有可行性，并且能够利用现有营销力量进入细分后的某个细分市场。比如，通过适当的营销渠道，产品可以进入所选中的目标市场，通过适当的媒体可以将产品信息传达到目标市场，并使有兴趣的消费者通过适当的方式购买到产品等。

(4) 可盈利性。可盈利性是指所选择的细分市场有足够的需求量，且有一定的发展潜力，以使企业获得长期稳定的利润。进入细分市场后，企业必须考虑细分市场上顾客的数量以及他们的购买能力和购买产品的频率，每个市场必须足够大，能够保证企业在其中经营可以盈利。如果细分市场的规模过小，成本耗费过大，获利小，就不值得去细分了。

(5) 稳定性。细分市场在一定时期内保持相对稳定，以便企业制定较长期的营销策略，有效地占领该目标市场，获取预期收益。消费者的消费心理是经常变化的，若细分市场变化过快，目标市场犹如昙花一现，则企业经营风险也随之增加，甚至会造成严重的损失。

任 务 实 训

1. 任务描述

(1) 试着对某个行业(如汽车、家具、计算机、手机、洗发水、方便面等)的市场进行市场细分。

(2) 以小组为单位，制作一份"XX 市场细分报告"，并制作 PPT 进行汇报。

2. 任务要求

(1) 实训采用"课外＋课内"的方式进行，小组讨论和资料的收集整理制作在课外完成，成果展示安排在课内。

(2) 每小组 PPT 成果展示时间为 10 分钟，教师点评 5 分钟。

3. 任务评价

任务评价信息如表 3-3 所示。

表 3-3　任 务 评 价 表

评分要素	评分点	权重	表 现 要 求	得分
技能运用	信息收集	10	能够通过对所选定的行业市场进行调查走访，了解相关情况，掌握相关数据	
	数据分析	15	能够对调查数据进行分析整理，并确定其细分变量和细分方法，并分析不同细分市场上消费者的需求特点与购买习惯	
	报告撰写	30	市场细分报告规范，能够详细陈述该市场的需求特点、竞争状况、消费者的购买行为习惯、所选择的市场细分变量以及对其进行细分的过程	
成果呈现	团队协作	15	团队成员能共同协作完成任务	
	表现力	15	思路表达清晰，陈述完整，关键问题表述正确	
	PPT	15	美观，配色合理，排版整洁，风格统一，内容严谨、充实、饱满，表达清晰，主次分明	

3.2 零售顾客的商品消费需求

知 识 目 标

1. 了解零售顾客购买商品的主要需求。
2. 掌握零售顾客各种购买需求的具体特点。
3. 理解马斯洛需求层次理论。

技 能 目 标

1. 能够独立进行消费者需求分析。
2. 能够针对消费者的不同需求，设计对应的销售策略。
3. 能够规范撰写商品推销方案。

素 养 目 标

1. 通过导入案例，引导学生体会到与时俱进才能把握消费者需求脉搏。
2. 通过任务实训项目，培养学生良好的语言表达能力和自信心。

引 例

即时零售打通怀旧零食"小卖部"

干脆面、跳跳糖、咪咪虾条、AD钙奶……经典的包装，熟悉的味道，80、90后小时候爱吃的童年怀旧零食，正搭乘新的消费业态重归年轻人视野。

随着消费者对购物时效性要求的提升和消费习惯的变迁，以"线上下单、30分钟送达"为特征的即时零售业态迅速发展，这也让远离都市购物中心的社区杂货店、小卖部等小店被串联激活，重新纳入年轻消费者的商品供给网络。年轻人的怀旧零食消费也因此变得更加简单快捷。

零售平台美团数据显示，截至 2022 年 11 月 30 日的前一周，平台怀旧零食相关商品的外卖销量大涨，小当家干脆面销量增长达 275%，其中，长春销量第一，深圳、沈阳、大连、哈尔滨紧随其后。

"人长大了，离开了原来的地方，小时候的小卖部又不能跟着我走。"来自上海的消费者小刘表示，成年后工作生活节奏加快，童年零食一度退出消费视野是成长的必然，"不过现在外卖挺方便的，不用自己刻意去找。"

近年来，即时零售发展迅速，"30 分钟万物到家"的场景下，年轻人足不出户，在家就能完成各类生鲜食杂及日用品消费，手机下单选购，骑手就从附近大大小小的商超、杂货店、小卖部送来需要的商品。

零售平台美团数据显示，近期在世界杯消费热潮的带动下，平台各类怀旧零食外卖销量再度迎来增速高峰。近一周，平台干脆面外卖销量增长 231%，其中小当家干脆面增速达 275%，小浣熊干脆面增速达 184%；跳跳糖、麦丽素外卖销量增长分别达 64%和 54%，均比平时增速提升了近 20 个百分点；辣条外卖销量增长达 263%，卫龙、麻辣王子、周长江等品牌热销。

童年怀旧零食重回年轻人视野，是当下消费趋势的缩影。对于一、二线城市的年轻群体而言，购物时效性的优先级逐渐提升，消费习惯也逐渐向"外卖点一切"靠拢。年轻人"即买即用""即买即吃"的消费需求，也让外卖的场景从餐饮零食，逐渐延伸到生活日用等更多领域。

对此，商务部官网发布的《中国电子商务报告 2021》指出，外卖的概念正在不断拓宽，"即时零售服务迅速发展，外卖平台也从餐饮配送为主的平台发展为'万物配送到家'的平台"。

3.2.1　对基本功能的需求

商品基本功能指商品的有用性，即商品能满足人们某种需求的物质属性。商品的基本功能或有用性，是商品被生产和销售的基本条件，也是消费者需求的最基本内容。如，冰箱要能冷冻、冷藏食物，护肤品要能保护皮肤，这些都是消费者对商品功能的最基本需求。在正常情况下，基本功能是顾客对商品诸多需求中的第一需求。顾客对商品基本功能的需求具体有如下特点：

(1) 要求商品的基本功能与特定的使用用途相一致。例如，健身器材应有助于强身健体，倘若附带办公、学习功能则属多余。因此，商品功能并非越多越好，而是应与消费者的使用要求相一致。

(2) 要求商品的基本功能与顾客自身的消费条件相一致。就消费需求而言，商品功能的一物多用或多物一用的优劣不是绝对的，评判的标准只能是与顾客自身消费条件相适应的程度。

(3) 顾客对商品功能要求的基本标准呈不断提高的趋势。基本标准指商品最低限度应具备的功能。随着消费水平的提高，顾客对商品应具备功能的要求标准也不断地提高。例如电视刚开始只是人们饭后的一个娱乐项目，对于画面、音质都没有什么要求，不过随着社会发展，各种技术的不断提升，人们对电视的要求早已不是能看就好，而在听觉、视觉方面开始不断地提升要求。近几年，曲面电视风靡市场，在观看电视的时候，曲面电视在视觉上比平面电视观看域广，可以减少人眼疲劳度，并且这种曲面设计使电视外观看起来更加优美(如图 3-1 所示)。

图 3-1 曲面电视画面

【课堂讨论】

据《战国策》记载，春秋时代有一位卖骏马的人在集市上站了三天，谁也没有注意他的马。后来他去找名气很大的相马专家伯乐，对他说："我有一匹骏马想卖掉，三天也没有人问津，请你帮帮忙，在马身边转悠一下，看一看，走开后再回头来瞧一瞧，这样就够了。"伯乐一看，确实是匹好马，因此爽快地答应，并且照着办了。顿时，这匹马就变成了人们抢购的对象，价格也因此被抬高了十倍。

为什么普通人卖了三天也卖不掉的马，伯乐看了看就能卖掉？

3.2.2 对质量性能的需求

质量性能是顾客对商品基本功能达到满意或完善程度的要求，通常以一定的技术性能指标来反映。但就消费需求而言，商品质量不是一个绝对的概念，而是具有相对性的。构成质量相对性的因素，一是商品价格，二是商品的可用性，即商品的质量高低是在一定价格水平下，相对于其实用程度所达到的技术性能标准。与此相适应，顾客对商品质量的需求也是相对的。

(1) 顾客需求的商品质量与其价格水平相符，即不同的质量有不同的价格，一定的价格水平必须有与其相称的质量。

(2) 顾客往往根据商品的实用性来确定对其质量性能的要求和评价，某些质量中等甚至低档的商品，因已达到消费者的质量要求，也会为消费者所接受。例如甲、乙两种品牌洗衣机，乙品牌洗衣机在容量、耗电量、洗净率、磨损、噪声等技术指标方面均逊于甲品牌，但甲品牌的价格远高于乙品牌，且更适合于多人口家庭使用，因而对于中低收入、单身或人口少的家庭来说，乙品牌洗衣机的质量也是可以接受的。

【课堂训练】

    1. 请分析本校大学生对手机都有哪些消费需求特点。

    2. 进一步分析本校大学生在购买行为上有什么明显的特征。

3.2.3　对安全性能的需求

顾客要求所使用的商品卫生洁净、安全可靠，不危害身体健康。这种需求通常发生在对食品、药品、卫生用品、家用电器、化妆品、洗涤用品等商品的购买和使用中，具体包括如下要求：

(1) 商品要符合卫生标准，无损于身体健康。例如，食品应符合国家颁布的食品卫生法、商品检验法等法规，在保质期内出售，没有不利于人体健康的成分和添加剂。

(2) 商品的安全指标要达到规定标准，不隐含不安全因素，使用时不发生危及身体及生命安全的意外事故。这种需求在家用电器、厨具、交通工具、儿童玩具、化妆品等生活用品中尤为突出。

(3) 药品具有保健功能，能防病祛病，调节生理机能，增进身体健康。近年来，市场上对健身器材、营养食品、滋补品、保健品的需求强劲，形成新的消费热点，这表明当代商品安全的需求已不仅仅局限于卫生无害，而是进一步上升为有益于身体健康。

3.2.4　对消费便利的需求

在购买过程中，顾客要求以最少的时间、最近的距离、最快的方式购买到所需要的商品，同类商品质量、价格几乎相同，其中消费便利者往往成为顾客首选的对象。在使用过程中，顾客要求商品使用简单、操作容易、携带方便，便于维修。

3.2.5　对审美功能的需求

顾客对商品在工艺设计、造型、色彩、装饰等方面有审美要求，对商品审美功能的需求同样是一种持久性的、普遍存在的心理需求。在审美需求的驱动下，顾客不仅要求商品具有实用性，同时还要求商品具有完美的外观设计，即实现实用性与审美价值的统一。

3.2.6　对情感功能的需求

顾客要求商品蕴含深厚的感情色彩，能够体现个人的情绪状态，成为人际交往中沟通感情的媒介，并通过购买和使用商品，获得情感补偿、追求和寄托。顾客作为拥有丰富情绪体验的个体，在从事消费活动的同时，会将喜怒哀乐等各种情绪体验映射到消费对象上，即要求所购商品与自身的情绪体验相吻合、相呼应，以求得情感的平衡。此外，顾客作为社会成员，有亲情、友情、爱情等情感的强烈需求，许多商品如鲜花、礼品等，因而成为人际交往的媒介和载体，起到传递和沟通感情的作用。有些商品，如毛线玩具等，可以帮助顾客排解孤独和寂寞，获得感情的慰藉和补偿，从而也具有满足消费者情感需求的功能。

3.2.7 对社会象征性的需求

顾客要求商品体现和象征一定的社会意义，使购买、拥有该商品的顾客，能够显示出自身的某些社会特性，如身份、地位、财富、尊严等，从而获得心理上的满足。某些商品由于价格昂贵、数量稀少、制作难度大等，使消费者受到极大限制，因而只有处于少数特定身份地位或阶层的消费者才有条件购买和拥有。因此，这些商品便成为了一定社会地位、身份的象征物。通常，出于社会象征性需求的消费者，对商品实用性、价格等往往要求不高，而特别看重商品所具有的社会象征意义。社会象征需求在奢侈品如珠宝首饰、豪华汽车、豪华住宅、名牌服装、名贵手表等商品的购买中表现尤为明显。

3.2.8 对良好服务的需求

在对商品实体形成多方面需求的同时，顾客还要求在购买和使用商品的全过程中，享受良好、完善的服务。良好服务可以使顾客获得尊重、情感交流、个人价值认定等多方面的心理满足。对服务的需求程度与社会经济的发展程度以及顾客的消费水平密切相关。在商品经济不发达时期，由于商品供不应求，顾客对服务的要求降到次要地位，甚至被忽略。随着市场经济的迅速发展，顾客可以随时随地购买到自己所需求的各种商品，因此服务在消费需求中的地位迅速上升。不同社会经济时代客户需求的变化情况如表3-4所示。

表3-4 不同社会经济时代客户需求的变化情况

社会经济时代	时 代 特 色	客户主要需求
产品经济时代	市场主要供给农产品，以满足客户的生存需要，产品供不应求是主要特征	获得足够的农产品
商品经济时代	市场主要供给工业产品，以满足客户的生存和安全等低层次需求	商品质量和技术含量
服务经济时代	商品经济繁荣，客户开始关注服务的品质，以满足他们对社会地位、友情、自尊态度的追求	高品质的服务
体验经济时代	简单的产品和服务已经无法满足客户的需求，客户追求个性化、人性化的消费来实现自我	实现自我价值

任 务 实 训

1. 任务描述

(1) 写一份某一类商品的推销方案并论证它的可行性。

(2) 实地推销某一类商品，如护肤化妆品、首饰等。

2. 任务要求

(1) 选择推销某一类商品(如护肤化妆品、首饰等)，依据马斯洛需求层次理论来说明这种产品可以满足消费者的各层次需求，激发推销对象的购买动机并使之变成行动。

(2) 以小组为单位，写一份包含以上内容的推销方案，并论证它的可行性。

(3) 实地推销商品。

3. 任务评价

任务评价信息如表 3-5 所示。

表 3-5 任 务 评 价 表

评分要素	评分点	权重	表 现 要 求	得分
技能运用	理论分析	10	依据马斯洛需求层次理论来说明这种产品可以满足消费者的各层次需求	
	推销方案	35	推销方案格式规范，思路新颖，能够详细陈述该市场的需求特点和消费者的购买行为习惯，并能提出精准营销策略	
成果呈现	团队协作	15	团队成员能共同协作完成任务	
	实地推销	40	思路表达清晰，能很好地激发推销对象的购买动机并使之变成行动	

3.3 不同消费群体的消费心理特征

知 识 目 标

1. 掌握不同年龄段消费者的消费特征。

2. 掌握不同性别消费者的消费特征。

3. 掌握数字消费者的消费心理特征和变化。

技 能 目 标

1. 能够采用正确的方法应对不同年龄段、不同性别的顾客。
2. 能够根据收集到的数据进行用户画像构建。

素 养 目 标

1. 通过引例，引导学生要善于因时制宜、开拓创新。
2. 通过收集数据构建用户画像，培育学生实践出真知的良好品质。

引 例

新消费时代，正在被新一代"数字原住民"重塑

随着大部分 95 后、00 后步入成年生活，他们在社会各界拥有了更多的话语权。"Z 世代"已开始接棒千禧一代，成为了社会劳动与消费的主力军，他们引领着新潮流，更代表着新时代的审美和价值取向，这些取向中最直接和集中的投射体，就是"Z 世代的新消费"。

时代在进步，科技在发展，年轻人们在适应改变的同时也在改变着这个世界。从 X 世代、Y 世代到 Z 世代，不可否认每一代人都拥有着各自世代的特征和定义。

这些定义就像一张隐形且无穷大的网格，它带来的限制让每一代人身处其中既不知不觉，又牢不可破。但当时间拉得够长，我们得以以一种尽可能开阔的视角去理解一代人和社会现象，去思考那些生命中长久存在的问题。然后，再去认识我们如今身处的世界，进而认识我们自己。

仅仅只是为了迎合某一世代的猎奇而出现的产品终究只是昙花一现，对于不喜欢被定义的新世代来说，树立一个明确的信息是至关重要的。

对新中式潮流的诠释上，周大福在中华饮食文化中以承载了世代美好回忆的中式点心为灵感，用具有美食治愈力的"小笼包、饺子、猪猪包"为形态(如图 3-2 所示)，唤醒大众对美好生活的感知与向往，用食物凝聚情感，用"新中式"赋予民族属性的回鸣。

既有现实意义的黄金收藏价值属性，又有浓厚的自我娱乐情感气息。对周大福来说，潮玩不止是一种风格，以新的方式来拓展黄金潮玩的想象力边界，更是拥抱多元文化的态度。

说到底，不管是 Z 世代还是未来的新世代，透过他们，周大福在筑建的一直是属于自己的时代。而整个过程中最有趣的部分，莫过于观念的新陈代谢。

不管时代的齿轮朝哪个方向转动，周大福所追随的，始终是一个可以容纳形形色色人物、呈现多元价值观的舞台，而不是千篇一律的空壳和意象筑造的所谓潮流。

图 3-2   周大福藏金家系列"包里有福"主题产品

不同的消费群体有不同的消费特点。青年客户与中老年客户从个人需求到购物习惯都会有较大的差异。当然，男性客户与女性客户更不能相提并论。因为性别的差异，购物风格也会有很大的差异。销售人员必须对形形色色的客户的特点有深刻的了解，才能将自己的产品顺利地销售出去。

3.3.1   青年消费者的消费心理特征

我国青年消费者人口众多，也是所有企业竞相争夺的主要消费对象。因此，了解青年消费者的消费心理特征，对于店铺的经营和发展具有极其重要的意义。

1. 追求时尚和新颖

青年人的特点是热情奔放、思想活跃、富于幻想、喜欢冒险，这些特点反映在消费心理上就是追求时尚和新颖，喜欢购买一些新的产品，尝试新的生活，在他们的带领下，消费时尚会逐渐形成。

2. 表现自我和体现个性

这一时期，青年人的自我意识日益加强，强烈地追求独立自主，在做任何事情时都力图表现出自我个性。这一心理特征反映在消费行为上，就是喜欢购买一些具有特色的商品，而且这些商品最好能体现自己的个性特征，对那些一般化、不能表现自我个性的商品，他们一般都不屑一顾。

3. 容易冲动和注重感情

由于人生阅历并不丰富，青年人对事物的分析判断能力还没有完全成熟，他们的思想感情、兴趣爱好、个性特征还不完全稳定，因此在处理事情时，他们往往容易感情用事，甚至产生冲动行为。他们的这种心理特征表现在消费行为上，就是容易产生冲动性购买，在购买商品时，感情因素占了主导地位，他们往往以能否满足自己的情感愿望来决定对商品的好恶，只要是自己喜欢的东西，他们一定会想方设法迅速做出购买决策。

【课堂讨论】

在湖南长沙经营一家普通菜摊的李阿姨火了，李阿姨的卖菜方式被网友称为"宠溺式卖菜服务"，使得"懒人经济"站上新风口。那么李阿姨的"宠溺式卖菜服务"有多宠顾客？

考虑到现在很多年轻人忙工作，没时间做饭买菜，有的人更是不知道怎么做菜，天天吃外卖，因此李阿姨在自家的卖菜摊上开创了"一周菜单"服务，顾客到现场点单，她把菜洗好切好，还附赠烹饪技巧，顾客回去炒就行了。不仅如此，李阿姨发现很多年轻人说要减肥，就结合早年在食堂工作的经验，多搭配了些蔬菜。李阿姨的服务让年轻顾客赞不绝口，全国各地的网友们纷纷表示想拥有同款李阿姨。

根据以上案例，请问李阿姨的"宠溺式卖菜服务"为什么能火？

3.3.2 中年消费者的消费心理特征

中年人的心理已经相当成熟，个性表现比较稳定，他们不再像青年人那样爱冲动、爱感情用事，而是能够有条不紊、理智地分析处理问题。中年人的这一心理特征在他们的购买行为中也有着同样的表现。

1. 购买的理智性胜于冲动性

随着年龄的增长，青年时的冲动情绪逐渐趋于平稳，理智逐渐支配行动。中年人的这一心理特征表现在购买决策心理和行动中，使得他们在选购商品时很少受商品外观因素影响，而比较注重商品的内在质量和性能，往往经过分析比较以后才能做出购买决定，尽量使自己的购买行为合理、正确、可行，很少有冲动随意购买的行为。

2. 购买的计划性多于盲目性

中年人虽然掌握着家庭中大部分收入和积蓄，但由于他们上要赡养父母，下要养育子女，肩上的担子非常沉重，因此他们中的大多数人懂得量入为出的消费原则，开支很少有像青年人那样随随便便、无牵无挂、盲目购买。因此，中年人在购买商品前，常常对商品的品牌、价位、性能、要求乃至购买的时间、地点都妥善安排，做到心中有数，对不需要和不合适的商品，他们绝不购买，很少有计划外的开支。

3. 购买求实用，节俭心理较强

中年人不再像青年人那样追求时尚，生活的重担、经济收入的压力使他们越来越实际，买一款实实在在的商品成为多数中年人的购买决策心理和行为。因此，中年人更多关注商品的结构是否合理，使用是否方便，是否经济耐用、省时省力，是否能够切实减轻家务负担。当然，中年人也会被新产品所吸引，但他们更多关心的是新产品是否比同类旧产品更具实用性。商品的实际效用、合适的价格和较好的外观是引起中年消费者购买的动因。

4. 购买有主见，不受外界影响

由于中年人的购买行为具有理智性和计划性的心理特征，因而他们做事大多很有主见。他们经验丰富，对商品的鉴别能力很强大，多愿意挑选自己喜欢的商品，对于营业员的推荐与介绍有一定的判断和分析能力，对于广告一类的宣传也有很强的评判能力，受广告这类宣传手段的影响较小。

5. 购买随俗求稳，注重商品的便利性

中年人不像青年人那样完全根据个人爱好进行购买，不再追求丰富多彩的个人生活用品，需求逐渐稳定。他们更注重别的顾客对该商品的看法，宁可压抑个人爱好而表现得随俗，喜欢买一款大众化的、易于被接受的商品，尽量不使人感到自己花样翻新和不够稳重。由于中年人的工作生活负担较重，工作劳累以后希望减轻家务负担，故而十分欢迎具有便利性的商品。

3.3.3　老年消费者的消费心理特征

随着人们生活水平的大幅度提高，生活方式和消费习惯也悄然发生变化，老年人的思想观念和行为方式也不可避免地受到影响。许多调查发现，老年消费群体的消费观念、消费方式和消费行为已经表现出不同于过去的诸多变化。

1. 消费观念年轻化

老年消费群体以前总是被描述为具有较高的品牌忠诚度，对新生事物的接受程度较低，对时尚和流行不感兴趣，广告和促销活动对他们影响不大。现今，老年消费者消费观念已经发生了重大变化，如更乐意接受新生事物，广告在老年人的消费过程中扮演着越来越重要的角色。老年消费者越来越注重打扮和穿着，开始接受一些新出现的零售业态。总之，老年消费者的心态越来越年轻，消费观念也越来越向年轻人靠拢。

2. 消费心理成熟化

心理学家认为，人的年龄越大，差别就越大，老年人在心理上还是具有共同点的，如希望长寿，希望生活安定幸福，希望受到尊重，希望为社会发挥余热，害怕孤独等。通常我们将消费行为划分为六种类型，即习惯型、经济型、理智型、冲动型、想象型和不定型。

通常，老年消费者被划分为习惯性和理智型的消费者。老年消费者的习惯性消费特点是在他们多年的消费实践中形成的，他们既积累了丰富的消费经验，又逐渐形成了固定不变的消费习惯和购买习惯，且不会轻易改变这种习惯。另外，老年消费者也多为理智型的消费者，他们会多加选择，并充分考虑各种因素，购买自己满意的商品。我们还发现，经济型的老年消费者占比并不高，老年消费者经历了较长时间的并不富裕的生活，他们生活一般都很节俭，价格便宜对他们有一定的吸引力，但是老年消费者在购买商品时也不是一味追求低价格，品质和实用性才是他们真正考虑的因素。当质量和价格不能兼顾的时候，老年消费者会更倾向于质量。

3. 家庭消费决策角色弱化

在中国家庭消费中，个人购买行为往往取决于家庭中长者的决定，这是中国传统家庭消费特征的描述。但目前的实际情况是，老年消费者的家庭角色已经明显弱化，这种弱化是由多种因素造成的，一是青年人收入的提高提升了其在家庭中的经济地位，青年人在家庭购买决策中的地位也得以提升；二是中国传统的尊长观念，已经开始不再适用于家庭消费决策。由于现代家庭的很多用品越来越复杂，技术含量越来越高，对消费者在购买、鉴别和选择上提出了更高的要求，很多老年人不愿意操这个心，就放手让年轻人自己去决定。子女独自对一些家庭用品的购买做出决策，并不表明他们不再尊重长辈。

4. 补偿心理强化

老年消费者的补偿消费心理，在过去很长一段时间内受到了压抑。而在现阶段，老年人补偿性消费的特征表现尤为明显。比如，在许多经济发展水平较高地区出现重新补拍结婚照的热潮，许多 20 世纪五六十年代结婚的老年人重新披婚纱，感受现代生活气息，以补偿过去由于过于朴素而留下的某些遗憾。又比如，很多地区的老年人充分利用退休和子女成人后的闲暇时间，组团去全国甚至世界各地旅游，更好地享受生活乐趣。

5. 隔代消费比重大

中国老年消费者的补偿心理还有一个重要而特别的方面，就是隔代消费比重大。复旦大学的调查显示，老年消费者用于隔代子女的消费，仅次于满足自身需求的消费。由于中国传统观念的影响，许多老年人认为继续照顾第三代是他们的责任和义务，所以老年人往往将情感倾注到孙辈身上。为了弥补自己年轻时由于经济能力有限等方面的原因，造成花在子女身上的消费相对较少的遗憾，老年人在对第三代的消费上显得尤为大方，他们往往不太注重产品的价格等因素，甚至倾向于购买高价格产品。

【课堂训练】

作为"不卖隔夜肉"理念的创造者和社区生鲜连锁品牌的开拓者，"钱大妈"成立之初即从新鲜角度重新梳理了传统生鲜行业的标准，但"钱大妈"在北方城市发展受阻。

(1) 了解"钱大妈"，分析其发展受阻的原因；
(2) 分析南北方细分市场的不同消费心理特征；
(3) 进一步分析广东地区消费者的消费心理特征。

3.3.4 男性消费者的消费心理特征

1. 动机形成迅速，具有较强的自信

男性的个性与女性的主要区别之一就是具有较强的理智和自信，他们善于控制自己的情绪，处理问题时能够冷静地权衡各方利弊，从大局着想。有的男性则把自己看做是能力和力量的化身，具有较强的独立性和自尊心。这些个性特点也直接影响他们在购买过程中的心理，因此，购买动机形成要比女性果断、迅速，能够立即导致购买行为。即使是处在比较复杂的情况下，当几种购买动机发生矛盾冲突时，也能够果断处理，并迅速做出决策。许多男性购买商品时，对某些细节不予追究，也不喜欢花较多的时间去比较挑选，即使买到稍有毛病的商品，只要无关大局，也不去计较。

2. 购买动机具有被动性

就普遍意义讲，男性消费者不如女性消费者经常料理家务、照顾小孩，因此购买活动远远不如女性频繁，购买动机也不如女性强烈，比较被动。在许多情况下，购买动机的形成往往是外界因素的作用，如家人的嘱咐、朋友的委托、工作需要等，动机的主动性和灵活性都比较差。我们常常会看到这种情况，许多男性顾客在购买商品时，会事先记好要买的商品名、式样、规格等，如果商品符合他们的要求，则采取购买行动，否则就会放弃购买。

3. 购买动机中的感情色彩比较淡薄

男性消费者在购买活动中，心境的变化不如女性强烈，不喜欢联想和幻想，相应的感情色彩也比较淡薄，所以当动机形成后，稳定性较好，其购买行为也比较有规律，即使他们出现冲动性购买，也往往十分自信，认为自己的决策正确，很少反悔退货。另外，男性消费者的审美观与女性有明显的差别，这对他们消费动机的形成也有很大的影响。

3.3.5 女性消费者的消费心理特征

1. 消费的主动心理

女性的购买动机较为强烈，她们经常逛商场或网上购物，关注促销打折活动，乐此不疲地分享各种优惠和购物心得。购物是她们一种减压、休闲、消遣的方式，也体现出关注时尚、追求品位、提升生活品质的一些消费理念。

2. 消费的爱美心理

大多数女人都有爱美之心，她们非常关注自己的形象容貌，会采取各种方法来让自己显得更为出彩，比如使用各种化妆品、各种装饰物，甚至去整容，令自己更加美丽。

3. 消费的实用心理

女性更倾向于实用型的产品，因为整个家庭的支出离不开女性的"把关"，她们需要计算好每一笔钱是否花在刀刃上，会考虑产品的实际效用，所以实用性强的品牌在她们的眼中是最合适的选择，这是精打细算的传统消费理念的延续。

4. 消费的自尊心理

女性的消费行为其实是在视觉、触觉和听觉的体验当中产生的，女性消费者具有对外在事物反应敏感和较强的自我保护意识，形成了一种自尊、自重的心理，他们往往以选择眼光、购买内容及购买标准来评价自己、评价别人，希望自己的购买是最有价值、最明智的，还希望别人仿效自己。她们不愿意别人说自己不了解商品、不懂行、不会挑选，即使作为旁观者也愿意发表意见，希望自己的意见被采纳。

5. 消费的冲动心理

女性也是极其容易冲动的群体之一，她们很可能因为某个广告让她们感动、一次大的促销，就采取购买行为，比如特别的产品名字、颜色、价格、外观设计。女性也容易受广告宣传、促销活动、环境因素、人群哄抢等影响产生购买冲动。

6. 消费的时尚心理

女性天生对时尚流行有着特别的触觉，在物质生活初步满足的情况之下，她们将追求在精神层面上来满足自己，有时也会购买一些奢侈品和高端化妆品，表现出她们在商品消费中所具有时尚元素，使自己买得开心，用得舒心。

3.3.6 数字消费者的消费心理特征

数字经济不仅改变了传统生产服务模式下的消费环境与消费方式，拓展了新的消费者群体，带动了消费升级，而且引发了消费者行为的新变化、新特征。

1. 消费者行为更加个性化、特色化以及多元化

受互联网技术、数字技术以及人工智能技术等新技术的驱动，消费的个性化、特色化以及多元化已经成为消费者行为的重要的、不可代替的方式。生产环节会满足消费者的个性化需求，消费者可以通过网络对产品进行个性化、特色化定制。消费者行为的新特征，有利于为数字经济的发展开发出更多的消费市场与新的消费者群体。消费者行为的多元化主要是对消费内容的多元化，不同的消费者群体创造了不同的商机。

2. 消费者行为的不确定性增加

在互联网技术升级的影响下，由于消费者在生活中接收到的信息冗杂加大了信息不对称，且受到众多电商平台的直播带货等的影响，消费者的冲动性消费行为持续增加。消费者通过电商平台购买到的商品种类多，容易造成消费者消费行为的非理性化，甚至会出现冲动型消费。

3. 消费者更加热衷于体验和多途径消费

伴随技术升级而来的 AR/VR 等新体验影响着消费者决策，我国消费模式正在从商品消费转向体验消费，消费者不仅重视商品品质，而且愈加关注购买商品带来的愉快体验。技术升级让消费者对购物有了新的体验，让他们有了更多的购物需求，同时消费途径也在进行变化。随着线上购物的不断发展，线下购物也在逐渐升级，线上购物方便快捷，线下消费则是综合体验。目前，消费者对"逛街"式体验的偏爱、对社交与娱乐的需求都促进着线下消费的发展。

4. 社交消费需求提升

社交消费是通过社交生态来影响消费者购买行为的销售模式，可以通过线上社交媒体等与消费者互动，或通过 KOL 和社群的方式与消费者互动以影响其消费行为。年轻一代是线上社交的活跃群体，也同样是社交消费的主要群体。各类社交圈、社交分享的力量具有很大的影响，社交 APP 的出现也为社交购物提供了便利，利用碎片化的时间通过微信公众号与小程序与消费者之间建立联系，通过朋友圈、社交圈形成社交引力，在数字经济时代通过社群传播来让更多新奇的商品脱颖而出，吸引消费者的眼球、建立消费者的忠诚度，进而让消费者产生购买行为。

5. 消费者倾向于消费共享化和运动消费

消费共享化的主力是年轻消费群体。从共享房、车到共享衣服、包，年轻消费者愈加喜欢共享的消费方式，共享经济在年轻的消费者中受到欢迎。随着我国越来越多的人关注到健康问题，运动健身成为新的生活方式。偏爱运动消费目前也成为消费者行为的一个新的特征，运动相关产业已经成为一个庞大的消费市场。随着 AR/VR 等新技术给运动产业带来的影响，运动相关消费也将要进行结构的优化升级，包含高科技的运动产品更受运动爱好者的欢迎。

6. 消费者更愿意为品质和效率买单

随着智能制造等技术融入产品生产过程中，国内产品的质量得到提升，消费者在购买商

品时已经实现了从追求量到追求质的提升，高质量的商品越来越受到消费者的欢迎。很多消费者往往更注重的是使用商品时的感受，商品应该满足消费者对质量的预期，越来越多的消费者非常愿意为质量买单。消费者也会注重效率，部分消费者选择 O2O 平台购买商品的原因是该方式具有方便快捷的特性。例如，消费者更看重商品的配送速度，对他们来说，时间更有价值。

任 务 实 训

1. 任务描述

(1) 试着对某一商品(如汽车、家具、计算机、手机、洗发水、方便面等)进行相关调查，分析商品的销售是否随着消费者的年龄、性别的变化而变化。

(2) 以小组为单位，撰写一份"XX 商品市场调查分析报告"，并制作 PPT 进行汇报。

2. 任务要求

(1) 实训采用"课外＋课内"的方式进行，小组讨论和资料的收集整理制作在课外完成，成果展示安排在课内。

(2) 每小组 PPT 成果展示时间为 10 分钟，教师点评 5 分钟。

3. 任务评价

任务评价信息如表 3-6 所示。

表 3-6　任 务 评 价 表

评分要素	评分点	权重	表 现 要 求	得分
技能运用	信息收集	10	能够通过对所选定的商品进行调查走访，向不同年龄、性别的消费者进行调查获得第一手资料，也可以通过商场、超市获取其次手资料	
	数据分析	15	能够对调查数据进行分析整理，分析不同年龄、性别的消费者需求特点与购买习惯	
	报告撰写	30	调查报告规范，能够详细陈述该商品对不同年龄、不同性别消费者的需求特点，并对消费者年龄、性别与商品的销售进行相关度分析	
成果呈现	团队协作	15	团队成员能共同协作完成任务	
	表现力	15	思路表达清晰，陈述完整，关键问题表述正确	
	PPT	15	美观，配色合理，排版整洁，风格统一，内容严谨、充实、饱满，表达清晰、主次分明	

模块知识掌握测试

1. 判断题

(1) 差异性指细分市场之间客观存在着消费者对某种产品购买和消费上明显的差异性，不同的细分市场对营销组合应该有不同的反应。 (　　)

(2) 食用油、白糖等日用生活消费品可以采用差异性营销。 (　　)

(3) 市场细分就是根据消费者需要将整个市场划分为若干子市场。 (　　)

(4) 零售是向最终消费者提供生活消费品和服务，以供其最终消费自用的全部活动。

(　　)

(5) 消费者对零售店的印象形成来自消费者对零售店的感情因素。 (　　)

(6) 新商品主要是指那些对传统商品有高度替代效应，能够在功能、质量、外观上更好地满足消费者需要的升级产品。 (　　)

(7) 人的年龄越大，差别就越大，要找到老年人心里的共同点，是不容易的。 (　　)

(8) 通常，出于社会象征性需求的消费者，对商品实用性、价格等往往要求不高，而特别看重商品所具有的社会象征意义。 (　　)

(9) 安全性能是顾客对商品诸多需求中的第一需求。 (　　)

(10) 零售顾客购买商品是为了获得某种使用价值，满足自身的生活消费的需要，而不是为了盈利去转手销售。 (　　)

2. 单选题

(1) (　　)因素是最明显、最容易衡量和运用的细分变量。

A. 人口环境　　　B. 地理环境　　　C. 消费心理　　　D. 购买行为

(2) 根据消费者的兴趣来细分市场，这是依据(　　)标准来细分市场。

A. 消费心理　　　B. 人口环境　　　C. 地理环境　　　D. 购买行为

(3) 根据马斯洛需求层次理论，下列属于第三层次的是(　　)。

A. 安全需要　　　B. 自尊需要　　　C. 社交需要　　　D. 自我实现的需要

(4) 细分标准越多，细分市场就增加，单个市场的消费者数量就(　　)。

A. 增加　　　　　B. 不变　　　　　C. 减少　　　　　D. 无关

(5) 顾客对于零售商的服务有(　　)和适当服务两种不同类型的期望。

A. 优质服务　　　B. 满意服务　　　C. 理想服务　　　D. 绩效服务

(6) 采取自选方式，以销售食品、生鲜食品、副食品和生活用品为主，满足顾客每日生活需求的零售业态是(　　)。

A. 超级市场　　　B. 百货市场　　　C. 便利店　　　　D. 购物中心

(7) 以满足客户便利性需求为主要目的的零售业态是(　　)。

A. 超级市场　　　B. 百货市场　　　C. 便利店　　　　D. 购物中心

(8) 顾客对商品诸多需求中的第一需求是(　　)。

A. 基本功能　　　B. 质量性能　　　C. 安全性能　　　D. 消费便利

(9) 不属于消费者画像中消费者固定特征是( )。

A. 性别 B. 年龄 C. 兴趣爱好 D. 教育水平

(10) 消费者购买奢侈品,主要满足其( )。

A. 社会象征需求 B. 质量性能的需求

C. 审美功能的需求 D. 情感功能的需求

3. 多选题

(1) 细分零售市场所依据的变量可分为( )。

A. 地理细分 B. 人口细分 C. 心理细分

D. 行为细分 E. 年龄细分

(2) 零售商对整体市场进行细分,通常是因为( )。

A. 消费者之间的差异性

B. 零售商的资源有限性

C. 实施零售战略的要求

D. 零售商树立特色的要求

E. 顺应消费者的需求

(3) 用户画像具体包含哪几个维度?( )

A. 消费者固定特征

B. 消费者兴趣特征

C. 消费者社会特征

D. 消费者消费特征

E. 商品的销售渠道

(4) 青年消费者的消费心理特征主要有哪些?( )

A. 购买动机具有被动性

B. 追求时尚和新颖

C. 表现自我和体现个性

D. 容易冲动和注重感情

E. 购买动机感情色彩比较淡薄

(5) 以下属于零售顾客特征的是( )。

A. 盈利性 B. 零星性 C. 专业性

D. 层次性 E. 多样性

模块四　零售供应链

本模块知识结构图

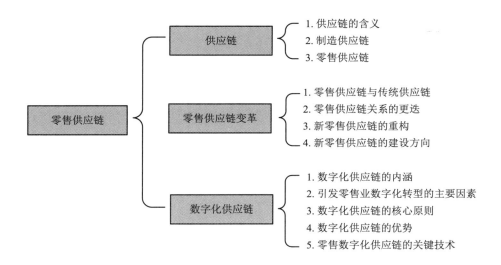

4.1 供 应 链

知 识 目 标

1. 了解供应链的定义和构成要素。
2. 掌握制造供应链和零售供应链的特点。
3. 理解制造供应链和零售供应链的运作模式。

技 能 目 标

1. 能够对供应链的构成要素进行清晰的识别。
2. 能够对制造供应链和零售供应链进行有效的区分。

素 养 目 标

1. 通过引例，引导学生树立创新精神。
2. 通过任务实训，加强学生对零售供应链领域的前瞻性的掌握，培养学生的与时俱进精神。

引 例

生鲜产品"百果园"城配一体化供应链解决方案

如果拿一个字来形容生鲜行业的特点，那就是"快"。"快"意味着商品的高周转，对于配送履约来说，就需要在极短的时间内完成商品的交付。但随着日间城市配送的路况越来越差，尤其是一、二线城市对货运车辆的限行政策，配送车辆的到店时间就变得极其不稳定和不可控，由此可能导致门店的商品库存因不能及时补充而售罄。对于一些货架期短、需要日清的生鲜产品，日间配送的到货时间也会导致白天很长一段时间的销售机会的损失。同时，日间配送也意味着在门店的营业时间内司机会送货到店，而在店门口长时间的卸货交接会影响门店白天的正常营业。以上是生鲜产品在配送履约时普遍面临的几个核心问题。百果园仓配体系近几年的变革，一直围绕如何更好地解决这些问题展开，以使门店专注于经营，最终实现销售额的突破。

1. 夜间配送，订单响应时效升级

要实现生鲜产品高效、准时的履约，首先要解决的是白天配送时长不稳定的问题。百果园从 2015 年开始，通过 1 年不到的时间将全国配送中心的配送时间调整为夜间，一方面最大程度减少日间配送时路况原因导致的送货时间不稳定，另一方面也避免了日间配送对门店经营产生的不利影响。这就对订单响应时效提出了更高的要求，配送中心需要在门店订单提交后 4～10 小时内完成订单的仓内拣选、装车及配送到店。为此百果园将配送中心库存商品的备货时间、越库配发商品的到仓时间、仓内拣选作业时间、城配司机装车时间以及由远及近各线路车辆的发车时间节点细化到时间轴上的每个节点，并严格要求各环节按照时间节点完成。

由于采用夜间配送后司机的到店时间主要集中在 24 点到早上 7 点，而这个时间段百果园的门店是不营业的，因此配送司机全部采用无打扰信任交接，司机到店后将商品摆放在门店指定交接区域，门店店员第二天开档后再对商品进行清点验收。

通过将日间配送调整为夜间配送，有效缩短了城配司机的送货时长，同时也极大地稳定了商品到店的送货时效。目前百果园全国 4800 多个门店早上 8 点前的送达率为 99.5% 以上，对于货架期短的日清商品，实现了从门店开档开始全天销售。同时无打扰信任交接避免了白天配送对门店销售的影响，节省了大量门店交接时间，减轻了门店店员搬卸货的工作量，让门店可以更专注于经营，帮助门店实现业绩增长。

2. 门店智能锁，突破信任交接作业效率

信任交接在全国推行后，随着百果园单个配送中心覆盖的门店数的增加，车辆调度人员及司机对门店钥匙的管理成为一个新的问题。尤其对于车辆调度人员，每天需要花费大量的时间来调配门店的钥匙，每个门店还需要管理备用钥匙。对于城配司机，人均每天需要携带 8 把不同门店的钥匙，且带错钥匙、丢失钥匙或损坏等问题时有发生。一旦发生这种情况，就需要门店店长半夜过来开锁，同时也会耽误司机后续门店的配送。因此，从 2019 年开始，百果园就逐步将门店的机械门锁更换为智能锁，司机到店后可一键开锁，杜绝了以上问题的发生。

门店智能锁的应用，节省了车辆管理人员 90% 以上的调配钥匙时间，解决了司机带错钥匙等问题，同时避免了门店因为人员流动需要更换门锁的问题，对今后信任交接模式的运营起到了比较大的帮助。

3. 出仓商品唯一码管理，完成门店对商品交接的信任强化

采用信任交接的模式后，由于少了当面清点交接环节，对配送中心的拣货作业及司机装卸作业的准确性提出了更高的要求。为了减少到店配送差异，百果园配送中心仓内拣货时采取一品一码管理，让每一件出仓的商品都有一个唯一的身份 ID，这颠覆了原有和城配司机及门店的交付方式。为了管控司机装车及到店卸货的准确率，百果园对司机提货出仓和到店卸货两个环节进行严格管控，司机需要对商品进行逐件扫码确认，这样既避免了漏装错卸，也对司机出仓和到店的时间进行了实时的监控。

随着 2021 年司机物流履约节点管控措施在百果园仓配体系的全面推广，门店错漏卸的比例相比往年有大幅度的改善，同时，配送中心可以对在途的车辆进行及时的监控管理。目前配送中心分别在早上 7 点和 8 点对仍在配送的车辆进行预警和配送情况的确认，针对性地解决个别车辆延迟配送的问题。司机物流履约节点的管控措施确保了信任交接机制的落地监管和模式的可持续。同时，随着司机端的出仓扫码功能上线，配送中心将仓内原本的人工复核环节进行了优化，全国减少了近 60 人的出仓复核人员。

4. 质量投诉系统，数字化管理门店商品质量问题

为了解决门店反馈到货坏果渠道的问题，百果园上线了质量投诉系统，将原本线下反馈的信息线上化，数据化管理商品质量问题；同时将门店标签化，对重点门店加强商品质量的管控。质量投诉系统的上线，使门店对商品质量的反馈能更快速、准确地触达商品采购、品控和运营人员，使质量问题的处理更快速、便捷。

4.1.1　供应链的含义

1. 供应链的起源及发展

供应链(Supply Chain)的思想源于流通(Logistics)，原指军方的后勤补给活动，随着商业的发展，逐渐推广应用到商业活动上。流通系统的最终目的在于满足消费者，将流通所讨论的范围扩大，把企业上下游成员纳入整合范围，就发展出供应链。

供应链的概念经历了一个发展的过程。早期的观点认为供应链是制造企业中的一个内部过程，它是指将采购的原材料和零部件，通过生产转换和销售等传递到用户的过程。传统的供应链概念局限于企业的内部操作，注重企业自身的资源利用。随着企业经营的进一步发展，供应链的概念范围扩大到了与其他企业的联系，注意到了供应链的外部环境，认为它应是一个"通过链中不同企业的制造、组装、分销、零售等过程将原材料转换成产品，再到最终用户的转换过程"。这是更大范围、更为系统的概念。这种定义注意到了供应链的完整性，考虑了供应链中所有成员操作的一致性。现代供应链的概念更加注重围绕核心企业的网链关系，如核心企业与供应商、供应商的供应商乃至与一切前向的关系，与用户、用户的用户及一切后向的关系。此时对供应链的认识形成了一个网链的概念。

2. 供应链的定义

供应链目前尚未形成统一的定义，许多学者或组织从不同的角度给出了不同的定义。

美国供应链协会(Supply Chain Council)对供应链的定义是：供应链是包括从供应商的供应商到顾客的顾客之间，所有对产品的生产与配销相关的活动流程。

我国 2021 年发布实施的《物流术语》国家标准(GB/T 18354—2021)中对供应链的定义是：生产及流通过程中，涉及将产品或服务提供给最终用户活动的上游与下游企业所形成的网链结构。

我国著名学者马士华在其《供应链管理》中认为供应链比较确切的定义应为：供应链(Supply Chain)是围绕核心企业，通过对信息流、物流、资金流的控制，从采购原材料开始，制成中间产品以及最终产品，最后由销售网络把产品送到消费者手中，将供应商、制造商、分销商、零售商直到最终用户连成一个整体的功能网链结构模式。

供应链是描述商品的需求从生产到供应过程中各经营实体(供应商、制造商、经销商和顾客)和活动(采购、制造、运输、仓储和销售)及其相互关系动态变化的网络。供应链的概念注重围绕核心企业的网链关系，每一个企业在供应链中都是一个节点，节点企业之间是一种需求与供应关系。对于核心企业来说，供应链是连接其供应商、供应商的供应商以及客户、最终用户的网链。企业开展供应链始于运输管理方面，后又延伸至入库、最终产品库存、物料处理、包装、客户服务、采购和原材料等方面。在供应链上除资金流、物流、信息流外，根本的是要有增值流，在供应链上流动的各种资源，应是一个不断增值的过程。因此，供应链的本质是增值链。

3. 供应链的构成要素

供应链包含所有加盟的节点企业，从原材料的供应开始，经过链中不同企业的制造加工、组装、分销等过程直到最终用户。它不仅是一条连接供应商到用户的物料链、信息链、资金链，而且是一条增值链。物料在供应链上因加工、包装、运输等过程而增加其价值，给相关企业带来收益。由此可见，节点企业、物流、信息流、资金流是供应链中的四个基本组成要素。物流由上游的最初供应商往下游的零售商流动直至到达最终客户，资金流从下游往上游流动，信息流的流动是双向的。在供应链上，信息流、物流、资金流是三大命脉，信息流指挥物流，物流带动资金流。供应链管理实际上是对节点企业、物流、资金流、信息流的集成管理。

1) 节点企业

一个企业是一个节点，节点企业和节点企业之间是一种需求与供应的关系。供应链由所有加盟的节点企业组成，其中一般有一个核心企业(可以是产品制造企业，也可以是大型零售企业)，节点企业在需求信息的驱动下，通过供应链的职能分工与合作(生产、分销、零售等)，以资金流、信息流、物流为媒介实现整个供应链的不断增值。

2) 物流

物流是指商品在空间和时间上的位移，包括采购配送、生产加工和仓储包装等流通环节中的物流情况。物流管理以满足顾客的需求和服务为目标，尽量消除物流过程中各种形式的浪费，追求物流过程中的持续改进和创新。管理大师彼得·德鲁克曾预言：物流经济是经济增长的"黑暗大陆"，是"降低成本的最后边界"，是继降低资源消耗，提高劳动生产率之后的第三利润源泉。

3) 信息流

在商品流通过程中，所有信息的流动过程简称信息流。信息流在供应链中处于一个极为重要的地位，它贯穿于商品交易过程的始终，在一个更高的位置对商品流通的整个过程进行控制，记录整个商务活动的流程，是分析物流，导向资金流，进行经营决策的重要依据。在供应链中，一切物流、资金流都紧密围绕着信息流展开，只有在信息的指引下，物流和资金流才是有效的，才能达到效率最优、成本最低。"牛鞭效应"中预测信息沿供应链传递时失真、放大，导致供应商过量生产、过度扩张，从而使资金积压严重。如果信息化水平低，信息流管理水平低，信息无法有序、顺畅地流动，就会导致信息流不畅。

4) 资金流

在商品流通过程中，信用证、汇票、现金等在各个交易方之间的流动，称为资金流。资金是企业的血液，资金流是盘活一个供应链的关键。企业的资金如果没有严密的计划和审慎使用，资金流就会发生严重的改道、外溢和闲置。20世纪八九十年代的"三角债"就是由于资金流出现问题，导致很多行业整体陷入困境。目前仍然有许多公司会与供应商、子供应商产生资金流的问题，一般是主要供应商无法及时付钱给子供应商，子供应商拒绝付货，从而影响整条供应链的运作。供应链中企业资金流的运作状况，直接受到其上游链和下游链的影响，上游链和下游链的资金运作效率、动态优化程度，直接关系到企业资金流通的运行质量。上游链资金流成本的上升，会导致企业资金流成本的上升；下游链资金流的运作效率直接决定着企业资金流运行能否畅通。下游链资金如果停止运行，企业资金流的运行也会随之停止，从而导致生产经营活动中断。

资金流、物流和信息流的形成是商品流通不断发展的必然结果，它们在商品价值形态的转化过程中有机地统一起来，共同完成商品的生产—分配—交换—消费—生产的循环。供应链中，资金流是条件，信息流是手段，物流是归宿。

通过计划、采购、生产、交付和逆向物流管理，将原料转变成成品，最终交付到客户手上，以及随后可能发生的退货及逆向物流的整个供应链条可以分成两段：第一段是从"原料到成品"，称为制造供应链；第二段是从"成品到消费地"，称为零售供应链。

【课堂训练】

(1) 举例说明制造供应链和零售供应链。

(2) 基于"供应链的构成要素"视角，分析制造供应链和零售供应链是如何衔接的。

4.1.2　制造供应链

1. 制造供应链的运作模式

全球通用的用于定义供应链运营的模型叫作"供应链运作参考模型"(Supply-Chain Operations Reference Model，简称 SCOR 模型)，它是由国际供应链协会(Supply-Chain Council)开发并负责支持的，适用于工业领域。图 4-1 是单个企业的 SCOR 模型示例。所谓单个企业，是指没有考虑这个企业的上游(供应商)、下游(客户)环节，只考虑这个企业自己内部的供应链。它把供应链运营分为五个部分：最上面是计划，包含采购计划、生产计划、交付计划、退货计划；中间是执行，包含寻源采购、生产、交付三个部分；最下面是退货，包含产品退货(即从客户退货到生产工厂)和原料退货(即从工厂退货到供应商)。

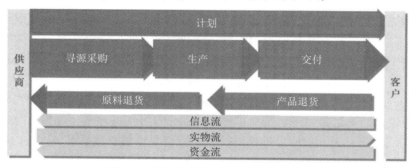

图 4-1　单个企业的 SCOR 模型示意图

制造供应链的模式有以下三种：

(1) MTS(Make to Stock)，是指在没有订单的情况下，按照库存生产或者预测生产，产品生产好了先放在仓库里，等订单来了再按照订单发货。卫生纸、洗发水、软饮料、包装好的零食等大多采用这种模式。MTS 可以提高订单的交付速度，压缩交货周期，但是要占用库存资金。

(2) MTO(Make to Order)，是指在与客户签订了购买合同之后再生产，即按照订单生产，比如定制的机床设备、定制的大型工业装备等。MTO 分为两种：一种是标准产品，这时客户只能选择所要的数量和交货时间，而无法改变产品本身的配置；还有一种是客户根据自己的需要，进行产品组件、配置的选择，又叫 CTO(Config to Order)，比如戴尔笔记本就是典型的 CTO。

(3) ETO(Engineer to Order)，是指按照订单进行设计、生产。大型定制化解决方案的设备，一般采用 ETO 模式，比如通信基站设备要根据客户的需求进行设计、配置、生产。制造供应链的效率取决于瓶颈工序，因此排产、采购都围绕着瓶颈工序的能力开展。

2. 制造供应链的特点

随着供应链实践的发展，制造供应链的特点越来越凸显。下面从供应链的物流、信息流、资金流、网络结构、运营模型这五个角度进行说明。

1) 物流

制造供应链上的物流从原料开始。供应商把原料发给半成品加工商，半成品加工商把原料加工成半成品，再发给品牌商的工厂，由品牌商的工厂完成成品的加工。物流的节点数取决于产品 BOM(Bill of Material，物料构成表)的层级。制造供应链把分散的原料经过加工过程转变成产品，是从分到总的过程。从地点上看，制造供应链把分布在各地的供应商整合起来，把原料、半成品吸收到品牌商的工厂，是个收敛的过程。

2) 信息流

对于制造供应链而言，品牌商通常预测渠道商或者一个区域的需求，而不会细化到预测某个门店的需求。品牌商将这些需求汇总生成自己的需求计划，接着通过 SOP(Standard Operating Procedure，标准作业程序)计划流程生成主生产计划，再按照 BOM 和工艺路线以及库存信息进行分解，得到生产计划和原料采购计划。半成品加工商也会预测品牌商的采购量，依据这个预测去安排原料采购，这构成了各自的"计划信息流"。

3) 资金流

品牌商(有工厂的)购买原料时，一般会和供应商约定付款周期，比如到货后 30 天内付款。零售企业的货到线下门店后，只要卖给了客户，就可以拿到货款。相比线上零售，制造供应链中资金流的账期往往会长一些，资金回笼周期相对也长一些，当然这也取决于供需力量的对比。

4) 网络结构

所谓供应链网络结构，是指供应链上有多少个节点，各个节点之间怎么连接。

制造供应链所涉及的节点有原料供应商、半成品加工商、品牌商的工厂，同时这些节点都有自己的仓库和生产车间。对于产品 BOM 结构特别复杂的，例如手机，它有屏幕、电池、芯片板等，就有更多的原料供应商、半成品加工商。考虑到工业用地的成本，品牌商的工厂一般在离城市较远的地方。供应商也会围绕着品牌商的工厂在附近设立工厂或仓库，因此往往会形成产业集群，一个区域专注于一类原料或半成品、成品的生产。这就导致制造供应链区域性很强，换言之，产品是在相对集中的地方生产出来的，比如电子产品大多在华南地区生产。

5) 运营模型

运营模型是指将组织、流程、技术、指标体系组合起来，开展供应链运营的流程。从组织和流程的角度来看，制造供应链把生产出的成品称为产品，定语是"产"，表明它是被生产出来的，是一系列流程的产物，比如研发、设计、生产制造之后得出的。

制造供应链是由分到总的，这就像打仗前把军事物资集合起来一样，集合得是否足够快、效率是否足够高往往非常重要。制造供应链往往会更关注效率、成本和质量，关注的指标有计划达成率、订单满足率、生产周期、设备的利用效率、产品成本、良品率等。图 4-2 是一个典型的工业企业的组织结构与宏观的业务流程，即运营模型。从组织上来说，制造供应链强调的是组织的效率，它的管理流程明晰，制度规范多，往往要求员工服从指挥、高效执行、不容有失，这样可以减少沟通成本、减少浪费、降低成本。

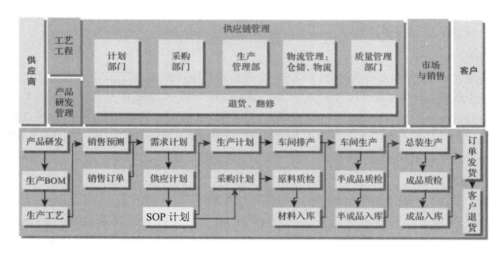

图 4-2　典型的工业企业的运营模型

4.1.3　零售供应链

1. 零售供应链的运作模式

零售供应链从客户开始，由客户需求驱动，通过开展计划、采购、生产、交付、退货的管理工作，确保其有效性，提供市场上需要的产品。零售供应链的关键能力如下：

(1) 精准的研发、选品、组货能力，即能根据企业自身的特长，精准识别目标客户的需求。

(2) 精准的供应能力，即能将需求转化为供应。

这两种能力在不同的商品形态下是有差别的，分为图 4-3 所示的几类。

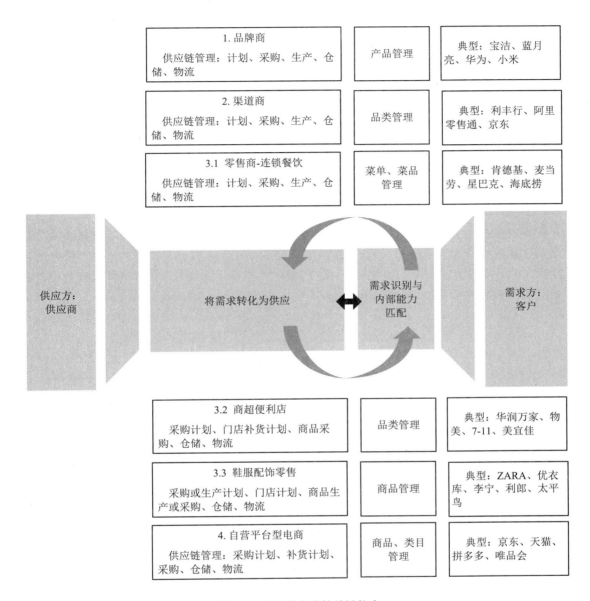

图 4-3　零售供应链的关键能力

【课堂训练】

观察图 4-3，请思考，为什么有些部门不是供应链相关部门，却在做着供应链相关的事？

2. 零售供应链的特点

为了对比总结，下面仍从供应链的物流、信息流、资金流、商业流、网络结构运营模型这五个角度来对零售供应链的特点进行说明。

1) 物流

零售供应链上流动的往往是成品(餐饮零售除外，因为它流动的往往是食材)，但是其包装规格有所不同。因为生产批量大，成品在品牌商的仓库里往往是以托盘、堆栈的形式存放的。为了运输的经济性，从品牌商到渠道商的仓库或者到零售商的仓库，仍采用堆栈的形式。但从零售商的仓库发往门店时，由于到门店后货品要么入门店后仓，要么上架，门店本身面积小，因此一般会在零售商的仓库里对批量存放的货品进行解包操作，使之成为可以在货架陈列或者比陈列稍大一点的规格，然后通过小型卡车送到门店。从电商仓库发往最终消费者，包装规格往往会更小。制造供应链在车间生产产品，通过增值的生产活动把原料变成产品；零售供应链在仓库里进行"生产"，把工业规格的包装逐步分解变小，并通过拣货、包装把商品准备好，等着运到门店或发给客户。从地点上看，零售供应链把集中在品牌商处的成品库存，通过供应链网络分发到全国各地的市场上，是个发散的过程。

2）信息流

在零售供应链上，需求计划的颗粒度会更小，从门店开始，汇总到区域、全国。品牌商将采购计划转换成对半成品加工商的采购订单，半成品加工商收到品牌商的采购订单之后开始生产，同时生成对品牌商的销售订单，这构成了"执行信息流"，在零售供应链上也是类似的方式。信息流示意图如图 4-4 所示。

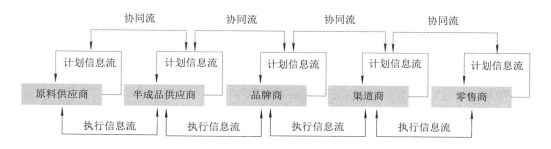

图 4-4　信息流示意图

集成程度比较高的供应链，还会有上下游的协同信息流。比如，下游把自己的计划提前分享给上游，让上游的预测更有依据。供应商管理库存就是这样的场景，生产商需要把自己的原料库存量和生产计划分享给供应商，供应商把自己可用的产能分享给生产商，生产商可以据此调整自己的采购和生产计划。

3）资金流

品牌商购买原料时，一般会和供应商约定付款周期，比如到货后 30 天内付款。零售企业的货到线下门店后，只要卖给了客户，就可以拿到货款。对于线上零售，一般在客户收到货并确认收货后，零售商就能收到货款；客户不确认收货，货款就到不了账。

品牌商、渠道商提供货品给零售商，是零售商的供应商。有些零售商也会用账期之间的差异来获取财务上的收益，比如自己的货品卖掉了，货款也收回来了，但由于付款的账期较长，因此不用立刻向品牌商或渠道商付钱。这种方式使零售商有很好的现金流，甚至出现了有些零售商看起来毛利很低，但现金流很好，可用来做财务投资的情况。

4）网络结构

零售供应链上的节点包含品牌商的仓库、渠道商的仓库、零售商的总仓、零售商的分仓、零售商的门店。零售供应链围绕最终客户的需求，拉动门店补货，进而拉动各级仓库补货，拉动渠道商补货，拉动品牌商协调生产资源进行生产，是从总到分的过程。零售供应链把产品分发到不同的区域，驱动它的是客户的需求，客户构成了市场，市场分布在不同的区域，分散是必然的。电商的出现，看起来缓解了这个问题，全国各地的消费者都可以在一个统一的平台上浏览、购买，再由物流安排配送，但为了让全国的客户都能更快地拿到商品，电商仍需要在各个区域开设仓库，也就是说，虽然电商只有一个统一的消费者入口，但是后端的供应链也是发散的网状结构。

零售供应链的复杂程度取决于门店网络、配送中心网络的节点数量和层级数量，而这些取决于市场的宽度和纵深。对于全国性零售商来说，供应链网络需要通过类似全国总仓—区域分仓—城市仓的方式覆盖各个区域。仅在一个城市经营的零售商则不用这么复杂的网络结构，只需一个城市仓即可。

零售供应链没有产业集群效应，比如虽然西南地区和东北地区穿衣吃饭的喜好可能会有差别，但西南地区和东北地区客户所需要的品类是差不多的，不存在一个地区只卖食品或者电子产品，而另一个地区只卖衣服的情况。零售供应链要解决的是如何把集中的供应地和分散的需求地连接起来。从原料到市场的过程如图4-5所示。

图4-5　从原料到市场的过程示意图

5) 运营模型

零售供应链把"军事物资"分发到各个战场，战场分布在各地，有大有小，有火力强的区域，有火力弱的区域。物资分发的有效性低、不匹配，就会导致打败仗。因此"有效性"是零售供应链的关键成功因素，体现在把合适的商品以合适的价格和合适的数量在合适的时间放在合适的市场，卖给合适的消费者。既然有效性如此重要，那么零售供应链是如何解决有效性这一问题的呢？

图4-6是一个典型的零售商的组织结构。在不同行业，各个部门的叫法有所不同。比如：在用什么满足客户需求方面，服装零售行业往往称之为"商品管理"；在商超便利店、医药零售行业往往叫作"品类管理"；在餐饮连锁行业，由于没有商品，菜品名称都印在菜单上，因此一般叫作"菜单管理"。在服装零售行业，"商品企划"用来计划用什么商品来满足市

场的管理活动；在商超便利店行业，这样的活动往往称为"品类计划"；而在餐饮连锁行业则称为"菜单计划"，即不同季节、时间，用什么菜品满足客户的需求。到了采购环节，在服装零售、商超便利店和医药零售行业，往往叫作"商品采购"；而在餐饮连锁行业一般叫作"原料采购"。商品采购回来后，需要适时适量地把商品放到门店里，这就需要产品运营。服装零售、商超便利店和医药零售行业往往称之为"商品运营"；而餐饮连锁行业称之为"菜单运营"，即在什么时间推出什么新菜品来促进销售。

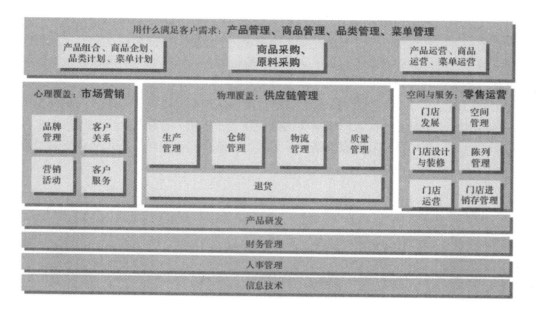

注：深灰色的框表示管理领域，浅灰色的小框表示具体的管理职能。

图 4-6　典型的零售商的组织结构

对于纵向一体化的零售商(产供销一体化)，还需要设立产品研发部门，负责按照确定好的商品企划、品类计划、菜单计划来设计和研发产品。

零售供应链最终要把商品卖出去，把钱赚回来，再投入资金换来库存继续开展销售。要让商品卖出去，需要客户和商品发生接触。客户可以接触的商品的多寡取决于能投入多少资金、仓库能堆放多少商品，以及货架(线下货架或者线上陈列)的陈列面积。因此零售供应链是围绕着这些瓶颈安排供应链的资源投入的，这与制造供应链围绕瓶颈工序有所不同。

零售供应链也需要考虑成本，它是效率的体现，比如库存周转的效率、仓储运作的效率、物流的效率、销售的效率，这些合起来决定了零售供应链的效率。

【课堂训练】

请对比总结出制造供应链和零售供应链的区别，填入表 4-1 中。

表 4-1 制造供应链和零售供应链的区别

角度	制造供应链	零售供应链
实物流		
信息流		
资金流		
网络结构		
运营模型		

任 务 实 训

1. 任务描述

(1) 从最新的全球 500 强企业排名中选择一家典型零售企业,借助网络资源,查阅该企业供应链管理的经营之道。

(2) 以小组为单位,整理和分析资料,可制作 PPT、视频、公众号推文,并进行汇报。

2. 任务要求

(1) 实训采用"课外+课内"的方式进行,资料的收集与整理及 PPT、视频、公众号推文的制作在课外完成,成果展示安排在课内。

(2) 每小组成果展示时间为 10 分钟,教师点评时间为 5 分钟。

3. 任务评价

任务评价信息如表 4-2 所示。

表 4-2 任 务 评 价 表

评分要素	评分点	权重	表 现 要 求	得分
技能运用	信息收集	10	能够使用搜索引擎查找并收集信息资料	
	企业供应链管理的经营之道	20	能够有条理地讲述出该企业供应链管理的经营之道,并进行心得总结	
	资料整合	20	能够对收集到的信息进行整合,逻辑清晰,语言表述通俗易懂、简明扼要,数据翔实,图文并茂	
成果呈现	团队协作	15	团队成员能共同协作完成任务	
	表现力	15	思路表达清晰,陈述完整,关键问题表述正确	
	PPT、视频、公众号推文	20	美观,配色合理,排版整洁、清晰,风格统一,内容严谨、充实饱满,表达清晰,主次分明	

4.2　零售供应链变革

知 识 目 标

1. 了解新零售供应链发展的时代背景，以及其与传统供应链的区别。
2. 深入理解并掌握新零售供应链的变革历程。
3. 掌握传统供应链存在的问题和挑战。

技 能 目 标

1. 能够分析和评估零售供应链的运作情况，并识别存在的瓶颈和问题。
2. 具备提出和实施零售供应链转型方案的能力。

素 养 目 标

1. 具备创新意识和变革思维，能够主动应对零售供应链领域的挑战和变化。
2. 具备团队合作和沟通能力，能够与不同部门和利益相关者合作，推动供应链变革项目的实施。
3. 具备问题解决和决策能力，能够在复杂的供应链环境中进行分析和决策，优化供应链运作。
4. 具备持续学习和适应变化的能力，能够不断更新零售供应链领域的知识和技能，应对不断变化的市场和技术趋势。

引 例

ABC 零售公司的全渠道供应链整合

ABC 零售公司是一家全球性的零售企业，在多个国家和地区拥有门店和电子商务平台。

由于市场竞争的加剧和消费者需求的变化，公司决定进行全渠道供应链的整合，以提供无缝的购物体验、增强库存管理和提高运营效率。

在供应链整合之前，ABC 零售公司的各渠道之间存在信息孤岛、库存分散和物流不协调等问题。公司面临以下挑战：

(1) 多渠道库存管理困难。难以准确追踪和管理多个渠道的库存，导致库存过剩或缺货的情况。

(2) 不统一的客户体验。消费者在不同渠道购买商品时，无法实现一致的购物体验和服务水平。

(3) 缺乏供应链协同。各个渠道之间的物流和库存管理不协调，导致效率低下和成本增加。

ABC 零售公司采取了以下措施，实现了全渠道供应链的整合：

(1) 建立统一的库存管理系统。公司实施了一套全渠道库存管理系统，实现了库存的集中监控、实时跟踪和协调调配，以优化库存水平和减少缺货情况。

(2) 引入物流智能化技术。通过物流智能化系统，实现了多渠道物流的协同管理，提高了物流的可视性和运输效率，减少了运输成本。

(3) 进行数据整合与分析。整合各渠道的销售数据、库存数据和顾客数据，通过数据分析和挖掘，实现了供应链的预测和规划优化。

(4) 实现无缝的购物体验。通过统一的订单管理系统和客户关系管理系统，实现了在不同渠道间的无缝购物体验，例如实现线上购买线下取货、线下购买线上退换货等服务。

(5) 加强供应链合作伙伴关系。与关键供应商和物流合作伙伴建立长期稳定的合作关系，共享信息和资源，提升供应链的协同效应。

通过全渠道供应链的整合，ABC 零售公司取得了以下成果：

(1) 提高了库存周转率。通过库存的集中管理和优化，降低了库存成本，提高了库存周转率。

(2) 实现了更好的顾客体验。消费者在不同渠道购物时，享受到了一致的购物体验和服务水平，增强了顾客的满意度和忠诚度。

(3) 提高了运营效率。通过物流协同管理和数据分析优化，降低了物流成本，提高了供应链的运营效率。

(4) 增加了销售渠道的整体收入。通过提供多渠道购物体验，扩大了销售渠道的覆盖范围，增加了整体销售收入。

(5) 建立了更稳定的供应链合作伙伴关系。通过与供应商和物流合作伙伴的紧密合作，提高了供应链的灵活性和响应能力，共同实现了持续的供应链优化和创新。

4.2.1 新零售供应链与传统供应链

新零售是一种泛零售业态，消费者体验在其发展过程中占据主导地位，与此同时，企业还要发挥数据价值。在新零售具体运营过程中，除通过创新消费场景来提升人们的购物体验之外，企业要更加注重消费内容的生产及整体的运营，为此，企业必须根据新零售的发展需求，对传统供应链体系进行改革。从根本上来说，包括"传统零售"及"新零售"在内，都应该将消费者放在核心位置，企业要做的就是为消费者提供符合其需求的产品和服务，并使其获得优质的体验。

在向新零售发展的过程中，有些零售企业采用O2O(Online to Offline，线上到线下)模式开展全渠道运营，有些零售企业注重与体验式消费的结合发展，还有些企业聚焦于建设产业生态链，这也是企业未来发展的三大方向。虽然演变路径不同，但从根本层面上来说，零售还是围绕"人、货、场"这三个元素展开，与此同时，企业会依托互联网平台的优势，对相关元素进行整合，从而加快整体的运转。传统模式下，零售业主要靠数量优势取胜，如今，企业的竞争开始聚焦于成本及效率，为此，企业必须改革传统的商业模式，通过提升效率来体现自身的优势，不断巩固市场地位。

进入新零售时代，供应链管理的本质被保留了下来，也就是说，企业需要促进供应商、仓库、经销商、终端零售等供应链上各个环节之间的配合，在把握消费者需求的基础上，及时为其提供种类、数量正确的产品。在这个过程中，零售企业要不断完善自身的服务体系，并进行成本控制。

1. 新零售时代下的供应链不仅仅是供应链

传统零售模式下，供应链的功能集中体现在供应链后端，也就是采购、生产、物流功能，企业难以实现对不同销售渠道的统一运营，与消费者之间的接触也十分有限，导致供应链上各个环节之间的运营相互独立，供应链的灵敏度不高。

在新零售时代下，消费者需求开始占据主导地位，消费者、商品、竞争者、价格等因素时刻处在变化之中，企业应该改变传统的运营模式，促进不同环节之间的连接，发挥整体的协同作用来对接消费者的需求。在这种大环境下，供应链管理应该转被动为主动，加强与消费者的沟通互动，在选品、趋势预测、商品价格制定与调整、商品供应及优化、商品采购等方面发挥重要作用。在零售企业的日常运营中，需要发挥不同职能部门之间的协同作用，从整体角度出发，将供应链管理及运营、企业营销及大数据应用结合起来。在这个过程中，供应链上的各个环节需要明确自身的职能定位，培养全新的思维方式并形成习惯。这也意味着新零售企业需要对传统组织架构进行改革。

2. 新零售时代下的供应链是消费者驱动的

很多企业在发展过程中会出现缺货现象，同时订单交付过程中的服务质量及总体效率也有待提高。缺货问题及服务效率低下，导致新零售业态难以提升消费体验。而在产品快速更新、同类产品纷纷涌现的市场环境下，消费者对即时性的要求明显提高。零售企业要想满足消费者的需求，就要提高库存管理能力，避免出现缺货现象。在新零售时代下，越来越多的企业倡导实现"零库存"，但现有的供应链体系无法做到这一点。为了解决这个问题，企业需要实施精细化的供应链管理，根据消费者的个性化需求提供相应的服务。在这个过程中，企业需要充分把握消费者的需求，在准确对接其需求的同时，有效降低库存。

另外，企业在处理消费者退货问题时需要耗费大量成本，超过八成的国内零售企业都面临这个问题。消费者退货会导致零售企业的利润规模下降。购买之后选择退货，说明消费者对体验不满意。为了减少因商品本身导致的退货，企业必须重视商品质量的把关、品类结构的管理以及各个门店的运营。此外，企业还应打通退货流程与销售流程，以提高利润并提升消费者的体验，从而树立良好的品牌形象。

进入新零售时代后，虽然供应链的本质保持不变，但企业必须围绕消费者开展运营，并为消费者提供满意的服务。为此，企业要对传统供应链进行改革，跟上新零售时代发展的步伐，运用网络技术、数字技术等，提高供应链的智能化、可视化水平，优化与调整各环节的运营，并以提供优质的消费者体验为出发点，不断提高消费者对自己运营的认可度与满意度。

4.2.2 零售供应链关系的更迭

零售供应链关系的更迭经历了三个阶段。

1. 第一阶段：货→场→人

最初的商品经济时代，商品品类以及规模远远不足以满足市场的大量需求。此时对于货物的需求量，是整个零售行业的核心所在，只要有货，就能在合适的场所销售出去。

在这个阶段下，消费者只能被动地等待商品的出现。

2. 第二阶段：场→货→人

随着商品品类以及规模的增多和普及，人们的消费需求基本上得以满足，只要在核心地段进行销售，就能抢占同类产品的市场份额，也就是核心由货物转变到了场地。这里的场地并不只是代表门店，还有网络平台销售的排序等类似的"场地"。

对于不同品类的同种商品而言，谁占据了最佳销售位置，谁就更容易得到消费者的认可。

3. 第三阶段：人→货→场

随着消费水平的提高，消费者的需求和消费偏好也在不断变化。互联网的发展使得商品的销售和推广都转移到了线上，消费者逐渐占据了整个零售的主导地位。当今的消费者不仅追求商品的质量与价格，还追求更好的服务，希望能够随时随地满足自己的消费需求，享受商品送到指定地点的便利。

人与货的直接链接，就导致了场地的作用下降。以消费者为主导的零售地位，间接意味着零售各方面的全面升级。

4.2.3 新零售供应链的重构

新零售供应链主要包含 4 个类型的主体：零售商、经销商、物流服务商、品牌商/生产商。

1. 零售商

新零售下的零售商，面临的竞争压力大，因此其创新动力也大。

零售商需要考虑其服务的消费者群体特性，并据此决定服务水平的特点，从而指导供应链策略，决定合理的成本，从网络布局规划(仓库、门店)，到库存水平和位置的设置，到补货/送货计划，再到最后一公里的配送，都支撑着服务水平。除内部供应链外，零售商上游的供应链集成在当前甚至更加重要，因为上游供应链的集成决定了产品的品质、供货的时效、采购的成本等。

"新零售物种"企业，其强项在于企业的数字化运营，尤其是消费端的数字化洞察、营销和交易，从消费者价值出发实现"货找人"。而传统零售企业，其强项在于供应链的管理能力(如商品开发寻源、品质保障、供应商管理等)，弱项在于数字化运营能力和资金。

在面对"互联网打法实体化"的新零售竞争时,传统零售企业一方面需要掌握消费者需求洞察和引导的能力,另一方面也要积极地通过技术手段进一步精细化其运营,做好"持久战"的准备。

从消费者价值出发,零售商针对不同业态、区域、渠道、品类细分供应链策略,这包括:选品、库存、补货的方案设置;充分利用现有门店或仓库资产,支持更多的零售业态,比如开拓线上渠道,或参与无人货架的运营与补货;持续优化供应链环节中的各项效率和成本,比如根据消费者需求分布调整网络与库存分布、优化仓库到门店的运输车辆与路线、优化人员作业效率等。

供应链管理是企业的一项重要能力,其根据企业自身的特点而有所不同,需要从企业的角度来看待。以每日优鲜为例,它首先通过精选 SKU(Stock Keeping Unit,最小存货单位)的方式为消费者提供有限精选商品,减少了消费者挑选产品过程中的信息过剩,然后在商品交付环节进行供应链配置和优化,通过采购源头来控制商品品质,并通过分选中心+前置仓+1小时配送的模式来降低冷链成本和提高客户交付体验。在这个例子中可以看到业务模式与供应链模式的相互结合:为消费者提供精选商品,意味着 SKU 数目较少,适合"社区微仓"的面积制约;前置仓设在小区内,可以支持 1 小时的配送时效,同时减少冰袋之类耗材的成本。这体现了服务体验和供应链成本的优秀平衡设计,但也在一定程度上造成了供应链的柔性风险。比如:由于服务时效要求限制了前置仓的服务半径,所以前置仓内商品的流转存在积压风险,这就要求每日优鲜对前置仓密度、仓内品类宽度、库存深度、补货频率按不同区域特性进行动态设置和调整,这是数字化供应链运营能力的要求。再比如:小区中的前置仓只面对线上订单,若不能改造为实体店铺,则可能存在被其他"前店后仓+3 公里配送"的竞争对手经由线下到线上引流抢走客户的风险。

以拼多多为例,它使用社交分享的方式,通过人际信任解决商品信息过剩问题,在消费者挑选商品的环节实现"货找人",月 GMV(Gross Merchandise Volume,商品交易总额)达到了百亿级别。拼多多在供应链支持的体验(品质、交付、商家利润)环节动作有限,这是可以理解的,因为现阶段拼多多的主要消费者是价格敏感型,对其他体验不太在意。但是如果未来消费者需求发生变化,其供应链是否能够支持?另外,拼多多的"爆款与低价"模式本身存在一定矛盾,因为爆款意味着需求的不确定,也就意味着对供应链的挑战,会产生额外的成本,导致量大与低价无法持续。这就要求主动管理"爆款",根据供应链能力主动地去塑造需求,并与上游供应链进行协同以提高响应度。

2. 经销商

新零售下的经销商存在较大的不确定性。

经销商处于零售商与品牌商之间,其价值由品牌商和零售商共同定义。经销商为上游品牌商提供的价值主要围绕销售额展开,具体包括销售渠道管理和拓展、终端维护的服务、市场活动的发起、压货的通路等。经销商为下游零售商提供的价值主要是供应链服务,具体包括商品的供应、库存与补货的服务、销售方法的指导等。经销商的其他价值还包括垫资(预付款)、条码费、选址等。

从新零售的供应链响应度和成本要求出发,理论上来说供应链的中间环节都应被打通,因此经销商要凸显自己的价值,否则将会被取代。如果一个经销商熟悉本地市场与消费环境,在同类商品的竞争中抢占更多市场份额，有效地提供销售预测和市场反馈，指导零售商的进货与销售策略，进行主动的库存管理与补货服务，并带来更多优秀的商品，那么它无疑是品牌商和零售商的优秀合作伙伴。然而这样的经销商并不多见。

对于平台型经销商而言，其本质是替代本地经销商(或本地经销商的部分功能)，其与传统经销商面临的挑战一样，即能否为品牌商和零售商提供更多价值。从平台型经销商的互联网背景来看，在理想情况下应该能够为品牌商提供更准确的预测、覆盖更宽的销售渠道、更低的行销成本，为零售商带来更多优秀的商品种类、更低的进货价、更低的库存、更优的新鲜度。但是在市场熟悉程度、服务响应速度、终端维护与拓展能力上，本地经销商或许更有优势。所以，未来的一种理想状态也许是平台型经销商与本地服务商的协作模式。

另外，经销商的选择会影响到品牌商对销售渠道的掌控力度，这对品牌商而言是一种供应链战略层面的考虑。品牌商可能会选择主要区域本地经销商＋次要区域平台经销商＋次要区域本地服务商的形态。

总的来说，经销商在新零售的大背景下存在较大的不确定性。

3. 物流服务商

新零售下的物流服务商，面临较大的整合压力，同时也具有较强的技术创新动力。

中国的消费市场幅员辽阔、业态众多，消费升级趋势在不同区域、不同人群中呈现出不同的特点。物流服务商承载了交付环节的消费者体验要求，中国这样消费市场的特点，对物流服务商来说既是挑战也是机遇。

近年来，物流行业蓬勃发展的一个重要原因是电商的发展。在电商推动的新零售趋势下，物流服务商必然跟随电商的发展步伐。网络的下沉、时效的升级、成本的控制、效率的提升都是可以预见的要求，因此整合或协作将是一种趋势，比如区域化运营向全网运营的转变、分段业务向平台式业务的转变、仓储运输服务向供应链运营服务的转变、单纯物流服务向分销业务融合的转变等。

在当前物流行业的发展驱动力中，新零售端的传导只是其中之一，物流行业的内部竞争、成本优化、为上下游提供更多价值等驱动力也在日益明显。

创新的技术应用将成为物流企业升级的关键。例如，菜鸟、顺丰、京东在机器学习、运筹优化方面的大量资源投入；美团使用机器学习＋运筹优化实现送货效率的提升；日日顺、安得使用网络与运输优化工具实现了效益的提升。在技术方面的投入，将会成为物流企业将来的重要竞争优势。

4. 品牌商/生产商

新零售下的品牌商/生产商，面临的供应链响应度和柔性挑战较大。

品牌商/生产商是新零售供应链的供应来源，其总体的供应链战略应当是建立需求驱动的供应链。

品牌商/生产商的供应能力通常依赖于工业现代化下的大规模生产，而大规模生产的目标是高效、稳定地生产优质的产品，因此并不能很好地以较低成本支持定制化生产，小批量、多批次的柔性生产以及新品的快速投产。而这些恰恰是新零售下消费者体验的需求。

现代工业是一个体系，包含了生产设备、设计、工艺、材料，以及相应的管理思想，这个体系的改变是存在巨大挑战的。比如人们曾经对 3D 打印报以改变工业的期望，但是 3D

打印最终无法大规模普及，因为对于大多数的产品应用，3D打印的质量、效率和成本均无法达到传统生产水平，因此3D打印也只是有限地用在特殊的行业，如航空发动机、医用假体产品等。

在现阶段，零售端对上游供应链的改造推动在合作方式、流程体系、信息系统上的配合相对容易，但设计模式、生产工艺、生产设备的改变很困难。因此，当前新零售下品牌商/生产商向需求驱动供应链管理转变时可从以下两方面入手。

(1) 与零售商/经销商进行深度协同。例如：产品设计时，可根据零售商的消费者洞察来设计产品；需求预测时，可协同Sell-through(销售流通)、Sell-out(卖出)进行预测；制订供应计划时，可针对零售商的市场活动安排提前保障货源，协同制订新品上市计划；库存补货时，可直接使用零售商/经销商的物流仓储设施，对终端进行主动补货。

(2) 减少各种提前期。例如：① 产品模块化设计：缩短产品开发周期，减少供应商开发周期，减少生产周期；② 采购提前期：中长期预测为采购提供稳定的供应商关系，即采用JIT(Just in Time，准时生产)模式；③ 延迟生产策略：以通用的WIP(Work in Process，在制品)来支持成品的柔性生产，各类计划的滚动频率加快、生产冻结周期缩短等等。

在未来，生产商或许可通过工业4.0实现全数字化运营，以模块化的生产线和产品为载体，为新零售供应链在供应端提供更多柔性。

4.2.4　新零售供应链的建设方向

新零售供应链的建设主要包括供应链的可视化、人工智能化、指挥智慧化，如图 4-7所示。

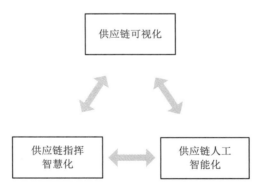

图 4-7　新零售供应链的建设框架

1. 供应链可视化

盒马鲜生是新零售的实践代表，它通过电子标签的普遍应用，实现了线上线下数据的统一，具体包括库存数据、商品价格数据、营销数据、品类数据等；消费者可以在网络渠道订购，到实体店取货，这为构建可视化供应链做好了铺垫。

在实现供应链可视化的基础上，企业将采购、开发、营销、物流配送等不同环节的运营连接起来，发挥协同效应，有助于促进运营过程中产生的库存信息、市场需求信息、销售信息、物流信息的高效传递与共享，提高供应链的响应能力。

随着新零售的发展，除了上述环节的可视化发展之外，店员、商品品类、消费者等相关信息也会在供应链中的更大范围内实现共享,与此同时,企业将建设云计算体系,依托可视化信息平台,根据自身业务发展需求制订相对应的战略计划,促进供应端与需求端之间的对接,在降低库存的同时不断完善自身的服务体系。

2. 供应链人工智能化

新零售业态在日常经营过程中会产生多样化的应用场景,这些应用场景涉及商品数据、市场数据、库存数据、消费者数据等。根据业务发展需求及具体场景(包括市场需求预测、商品价格制定、品类管理、营销活动、商品供应、库存管理、不同门店之间的资源调度及分享、物流规划等),结合相应的算法,企业就能运用数学模型对各个场景进行科学的分析。如此一来,企业就能在收集数据、分析数据的基础上进行数学建模,对市场变化趋势进行把握,为自身的决策制定提供参考。

从根本上来说,预测功能是人工智能的价值体现,预测本身并不是运用这项技术的目的,而是为了给企业的决策制定提供参考,减少企业因缺乏经验而产生的决策失误。对新零售时代下的供应链运营来说,人工智能的应用模型分为两种:预测模型与决策模型。其中,前者是在掌握海量数据的前提下,通过构建统计模型,结合相应的算法,推测市场需求状况的发展变化趋势;后者是利用科学的算法及运筹模型,根据企业发展需求及具体场景,为企业的决策制定提供有效参考。

3. 供应链指挥智慧化

在零售企业的运营及发展过程中,运营指挥控制系统发挥着核心驱动作用,对此,企业应对自身的业务进行分类,并建立不同类别的运营指挥系统。不同业务类别对应着不同的功能,它们为企业提供了日常经营过程中产生的各项数据,包括产品供应情况、销售情况、退货情况、订单完成情况、库存周转情况等。通过促进不同环节之间的配合与连接,运用合适的数学模型对这些数据进行分析,企业可以更好地了解市场需求和消费者行为,从而优化选品、合理定价、提前预测和及时供货。

在新零售时代,企业将不断扩大决策自动化的品类适用范围。如此一来,供应链管理者只需获取数据信息、确定市场需求、与目标用户展开互动、整合内部资源、促进企业改革创新即可。

任 务 实 训

1. 任务描述

(1) 从最新的全球 500 强企业排名中选择一家典型零售企业,介绍新零售时代下,该企业是通过哪些手段来提升自身的智慧供应链战略的。

(2) 以小组为单位,整理和分析搜索资料,可制作 PPT、视频、公众号推文,并进行汇报。

2. 任务要求

(1) 实训采用"课外+课内"的方式进行,资料的收集与整理及 PPT、视频、公众号推文的制作在课外完成，成果展示安排在课内。

(2) 每小组成果展示时间为 10 分钟，教师点评时间为 5 分钟。

3. 任务评价

任务评价信息如表 4-3 所示。

表 4-3 任 务 评 价 表

评分要素	评分点	权重	表 现 要 求	得分
技能运用	信息收集	10	能够使用搜索引擎查找并收集信息资料	
	资料整合	30	能够对收集到的信息进行整合，逻辑清晰，语言表述通俗易懂、简明扼要，数据翔实，图文并茂	
成果呈现	团队协作	20	团队成员能共同协作完成任务	
	表现力	20	思路表达清晰，陈述完整，关键问题表述正确	
	PPT、视频、公众号推文	20	美观，配色合理，排版整洁、清晰，风格统一，内容严谨、充实饱满，表达清晰，主次分明	

4.3 数字化供应链

知 识 目 标

1. 掌握数字化供应链的内涵。
2. 熟悉数字化供应链的核心原则。

技 能 目 标

1. 能够对数字化供应链的转型进行相应的现实案例举例说明。
2. 具备掌握数字化供应链的前沿发展动向的网络资源搜集和学习技巧。

素 养 目 标

1. 通过了解零售业变革下的数字化供应链建设历程，树立爱国主义精神和家国情怀。
2. 通过自学最新的数字化供应链发展状况及前景，养成自主学习、持续学习的习惯。

引 例

零售业变革下的数字化供应链建设

20世纪90年代以来，中国零售业态经历了从单一百货业，到以购物中心、连锁超市为主体的多业态并存的状态。而随着电子商务的兴起，以及消费者需求和信息技术的不断升级，我国零售行业再度发生巨大变化，作为零售重要环节之一的供应链也遭受了全方位冲击。在零售新业态模式下，传统供应链亟待进行全面的数字化转型升级，而大数据、智能化软件和物联网硬件的迅速成熟，将为供应链的各个环节带来新的变革机会。

零售业的需求端和供给端都在发生变化。在需求端，主要是消费者场景的演变。在传统的流通模式下，商品一般是由生产商转到分销商，然后经过多次分销，通过百货商店、超市等零售终端最终到达消费者。这种层层分销的体系已存在几十年，形成了固定的供应链体系和物流模式。如今随着电商的兴起，包括社区团购等新消费场景的出现，层层分销的模式发生变化，品牌企业需要更多地直面个人消费者，从 2B(To Business)转为 2C(To Consumer)，供应链模式必然随之转型。

随着数字化消费架构的深入，绝大部分品牌企业都会面临线上线下融合打通的问题。对于鞋服、快消、生鲜等品类的品牌企业来说，如果线上与线下的系统、数据等都是分立的，则很难准确掌握库存等信息，也很难使物流高效运转。这也是零售数字化变革给整个物流供应链体系带来的最直接冲击。

在供给端，大量新技术的出现，也加速了零售供应链向数字化的转变。例如，无论是传统的电商平台，还是移动互联网，以及大数据技术、仓储自动化设备的应用，都能够更好地对供应链需求进行提前预测和规划，将线上线下数据打通。

需求端带来了变革的机会，此外也出现了新的技术和管理模式，两方面结合促成了零售业供应链向数字化转型的大趋势。

随着电商的兴起，中国零售业态发生了巨变，人、货、场三大组成要素正在进行全面重构和升级，零售业供应链向数字化转型势在必行。然而，转型之路并不平坦，会面临多方面挑战。

新零售时代的到来，消费者需求在变化，消费场景在转移，销售网络在调整，商品偏向定制化、个性化。对供应链来说，单点突破已无法解决所有问题，需要供应链上下游多环节的配合与协同。例如，近几年兴起的社区团购、直播带货等模式，对供应链管理带来了巨大挑战，企业必须快速调整方向以满足快速变化的客户创新需求。唯有如此，企业才能适应这不断变革的数字化时代。

4.3.1　数字化供应链的内涵

数字化供应链是基于互联网、物联网、大数据、人工智能等新一代信息技术和现代化管理理念方法，以价值创造为导向、以数据为驱动，对供应链活动进行整体规划设计与运作的新型供应链。数字化供应链以数字化手段提升供应链的速度和效能，不仅为企业带来了经济效益，而且在更大范围内和更深层次上影响着国民经济循环的速度和质量，提升了流通效率，是推动居民消费升级的题中应有之义。

数字化供应链具备融合创新、生态链接和柔性定制三大特性。

从价值创造上看，数字化供应链源于大数据、人工智能、区块链、5G 等新兴数字技术与供应链各个环节的融合创新，在多维应用场景中创造了新的价值和增长点。

从运作特征上看，数字化供应链以数字化平台为支撑，以供应链上的物、人、信息的全连接为手段，构建了一个产品设计、采购、生产、销售、服务等多环节高效协同、快速响应、敏捷柔性、动态智能的生态体系。

从变革趋势上看，数字化供应链顺应数字经济时代消费的个性化、高端化、多元化的发展趋势，驱动生产以消费为中心，由大规模制造向柔性制造、准时制造和精益制造演化。

4.3.2　引发零售业数字化转型的主要因素

引发零售业数字化转型的主要因素涉及以下几个方面。

1. 技术创新和数字化工具

技术创新是推动零售业数字化转型的主要驱动力之一。随着信息技术的不断进步，零售商可以利用各种数字化工具和技术来改进运营效率、提升客户体验。例如，物联网技术可以实现物品的互联互通，帮助零售商实时监测和管理库存，提高供应链的可靠性和效率。大数据分析和人工智能技术可以帮助零售商更好地理解和预测消费者行为，进行个性化营销和定价策略的优化。此外，移动支付、电子商务平台等数字化工具也为零售业提供了全新的销售渠道和支付方式。

2. 消费者需求的变化

消费者需求的变化是引发零售业数字化转型的重要因素之一。随着社会的发展和科技的普及，消费者对于购物体验、产品质量和个性化服务的要求越来越高。数字化工具可以帮助零售商更好地满足消费者需求，提供个性化的购物体验和定制化的产品或服务。同时，消费者对于信息的获取渠道也发生了变化，他们更倾向于通过互联网和社交媒体获取产品信息和评价。因此，零售商需要通过数字化手段与消费者建立更紧密的联系，了解他们的需求并及时作出相应调整。

3. 竞争压力和市场变革

竞争压力和市场变革是零售业数字化转型的重要推动因素之一。随着互联网和电子商务的兴起，传统零售商面临着来自在线零售商的竞争。在线零售商利用数字化工具和供应链技术，提供了更便捷的购物方式和更广阔的产品选择，这对传统零售商构成了巨大的挑战。为了保持竞争力，传统零售商需要加快数字化转型，提升自身的供应链效率和客户体验，以及开拓新的销售渠道。

4．数据化和信息化的发展

随着数据化和信息化的发展，零售业可以收集、存储和分析大量的数据，从而更好地了解消费者、优化供应链和决策过程。通过数据分析和挖掘，零售商可以发现消费者的购物偏好、趋势和需求，进而优化产品策划、库存管理和销售推广等方面的决策。同时，数字化工具也可以帮助零售商更好地管理和利用这些数据，实现对供应链各环节的可视化和实时监控，提高运营效率和灵活性。

5．政策和法规的支持

政策和法规的支持对于零售业数字化转型具有重要的促进作用。政府部门和相关机构可以制定和推动有利于数字化转型的政策和法规，提供扶持措施和资源支持，鼓励零售商加快数字化转型的步伐。此外，政府还可以推动数字化技术的创新和应用，培育数字化人才，提供相关的培训和教育资源，以满足零售业数字化转型的需求。

4.3.3 数字化供应链的核心原则

数字化供应链的核心原则包括统一信息流、可视化和实时监控、协同合作、数据驱动决策以及持续创新和优化。

1．统一信息流

数字化供应链的一个重要原则是统一信息流。这意味着通过数字化工具和系统，将供应链各环节产生的信息进行统一收集、处理和共享，确保信息的准确性和实时性。通过统一信息流，供应链各方可以更好地了解整个供应链的运作情况，避免信息断层和信息滞后，从而提高供应链的协同效率和决策质量。

2．可视化和实时监控

数字化供应链的另一个重要原则是可视化和实时监控。通过数字化工具和技术，可以将供应链的各个环节、节点和指标进行可视化展示，实时监控供应链的运作情况，有助于管理者及时发现问题和异常，从而采取相应的措施进行调整和优化。同时，可视化和实时监控也可以帮助供应链各方共享信息和协同合作，提高供应链的响应速度和灵活性。

3．协同合作

数字化供应链强调供应链各方之间的协同合作。通过数字化工具和平台，可以实现供应链各方之间的实时信息共享、协同决策和合作执行。例如，供应商协同平台可以帮助供应商之间共享需求信息、协调生产计划和库存管理，以减少库存持有成本和缩短供应链的响应时间。数字化供应链的协同合作可以促进供应链各方之间的紧密合作和共同创新，提高整个供应链的绩效和竞争力。

4．数据驱动决策

数字化供应链强调数据驱动的决策。通过收集、分析和应用大数据，可以揭示供应链中的潜在问题、趋势和机会。数据分析可以帮助供应链管理者更好地理解供应链的运作情况，预测需求和市场变化，优化供应链各环节的决策和资源配置。数字化供应链还可以利用数据驱动的决策支持系统，帮助管理者进行智能化的决策和规划，提高供应链的决策效率和准确性。

5. 持续创新和优化

数字化供应链的最后一个原则是持续创新和优化。随着科技的不断发展和供应链环境的变化，供应链管理也需要不断创新和优化。数字化工具和技术提供了丰富的创新和优化手段，如人工智能、物联网、区块链等。通过持续创新和优化，可以提高供应链的效率、灵活性和可持续性，从而适应市场的变化和需求的变化。

上述核心原则是指导数字化供应链管理的重要准则。通过数字化工具和技术的应用，可以提高供应链的效率、可靠性和灵活性，实现供应链的协同合作和持续优化。

4.3.4 数字化供应链的优势

1. 供应链可视化

供应链可视化是利用数字化工具和技术实现对供应链的全过程进行可视化展示和实时监控的方法。通过可视化和实时监控，管理者可以清晰地了解供应链的运作情况、节点的状态和指标的表现，从而及时发现问题和异常，并采取相应的措施进行调整和优化。

供应链可视化可以将供应链的各个环节、节点和指标进行图形化展示，提供全局视角。管理者可以一目了然地了解整个供应链的运作情况，包括原材料采购、生产制造、物流配送等环节，有助于管理者全面掌握供应链的状况，从而更好地制定决策和规划策略。

供应链可视化还能够实现对供应链的实时监控和预警。通过数字化工具和技术，可以获取供应链各个环节的实时数据，并将其以图表、仪表盘等形式展示出来。管理者可以随时了解供应链的关键指标(如库存水平、订单处理时间、交货准时率等)，及时发现异常情况并采取相应的措施，避免潜在的供应链风险。

供应链可视化提供了可靠的数据支持，有助于优化决策和资源配置。通过对供应链的可视化分析，管理者可以深入了解供应链的瓶颈环节、效率低下的节点以及优化的空间。基于这些数据，管理者可以制定相应的策略和措施，优化供应链的运作效率，降低成本，并提高顾客满意度。

供应链可视化促进了供应链各方之间的协同合作和信息共享。通过数字化工具和平台，不同环节的参与者可以实时共享供应链的信息和数据，协同决策和合作执行，有助于提高供应链各方之间的协同效率，减少信息滞后和误解，提升整个供应链的绩效。

2. 供应链协同合作

供应链协同合作可以实现供应链各个参与方之间的信息共享和透明度。通过共享实时数据和信息，各方可以更好地了解供应链的情况，实现协同决策和规划。各个环节之间可以根据市场需求和供应链情况做出相应的调整，提高供应链的灵活性和敏捷性，共同寻找改进和创新的机会。

供应链协同合作的益处如下：

(1) 提供更好的客户体验。零售供应链协同合作可以确保产品的及时交付和库存的充足性，从而提供更好的客户体验。通过供应链各方的合作和协调，可以减少断货和缺货的情况，提高订单的准时交付率，满足客户的需求。

(2) 降低库存成本。通过供应链各方的紧密合作和信息共享，可以准确预测需求并及时调整订货量，避免过多的库存积压，降低库存成本。

(3) 提高供应链的响应速度。供应链各个环节之间的实时信息共享和协同决策，可以更快地响应市场需求的变化，调整供应计划和物流流程，提高供应链的灵活性和响应速度。

(4) 降低供应链风险。通过供应链各方之间的合作和协调，可以共同应对供应商延迟、质量问题、自然灾害等风险因素，降低供应链的运营风险。

(5) 促进供应链的创新和持续改进。供应商、零售商和其他相关参与方之间的合作可以激发创新思维，共同探索新的产品和服务，并不断改进供应链的效率和质量。

(6) 实现资源优化和成本控制。通过共享信息和资源，避免资源的浪费和重复投资，提高资源的利用效率，降低运营成本。

(7) 建立长期合作关系。通过协同合作，建立信任和互相依赖的关系，供应链各方可以共同应对市场竞争和挑战，实现共同的利益。

3. 数据驱动决策

数据驱动决策的益处如下：

(1) 提供准确的业务洞察。通过收集和分析供应链相关数据，企业可以深入了解销售趋势、产品需求、库存水平、供应商绩效等信息，从而做出准确的决策。

(2) 实现实时监控和响应。通过数据分析和预测模型，企业可以实时监测供应链各个环节的运行状况，及时发现问题和异常，并迅速采取相应的措施，以确保供应链的正常运作。与传统的基于经验和直觉的决策相比，数据驱动决策可以在较短的时间内收集和分析数据，并作出相应的决策。

(3) 预测和优化能力。数据驱动决策基于客观数据，而不是主观判断，利用数据分析和预测模型，对供应链进行预测和优化。通过对大量数据的分析，可以排除主观偏见和个人情感，使决策更加客观和准确。企业可以基于历史数据和趋势分析，预测未来需求和供应情况，以便做出相应的调整和决策。

(4) 提升客户满意度。通过分析顾客行为数据和反馈数据，企业可以了解客户的需求和偏好，并根据数据洞察进行个性化推荐和定制化服务，从而提升客户的满意度和忠诚度。

(5) 优化供应链运营效率。通过对供应链数据的分析，企业可以识别瓶颈、优化流程、降低成本，提高供应链的运营效率和资源利用效率。

(6) 降低风险和不确定性。通过数据分析，企业可以预测市场需求、供应风险和价格波动等因素，从而制定相应的风险管理策略，以减少供应链运作中的不确定性，降低风险的发生概率和影响程度。

【课堂训练】

阅读下文，总结数字化供应链的表现方面，将其填入表 4-4 中。

表 4-4　数字化供应链的表现

表现 1	表现 2	表现 3	表现 4	表现 5

新零售时代的到来，消费者需求在变化，消费场景在转移，销售网络在调整，商品偏向定制化、个性化。供应链应该做出怎样的变化？随着客户的线上化，供应链上的参与方可以实时获得供需数据以及客户对产品的反馈。因为这样的变化，零售供应链数字化的加速发展迫在眉睫，而这些变化首先发生在零售供应链领域。

表现1：某知名啤酒品牌商应用物流实时数字化平台，通过给运输车辆安装实时的IoT(物联网)设备(有的只需一个手机)，基于物联网的实时位置信息，实时获取车辆的位置。通过将车辆运送单数字化，装入移动设备，驾驶员上下货时扫描一下条码，平台就能实时获取车上货品的信息。平台根据运送单，用路线规划算法自动计算驾驶员下一站应该去哪里送货，并且平台能够获取目的地收货的时间窗口。不是每个门店随时都能收货的，平台会根据门店历史上的闲忙时间段，自动挑选最适合的送货时间，这样驾驶员就可以按照平台推送的行驶路线、停靠站点，进行货品的配送。

表现2：一家餐饮连锁企业，它的仓库往门店发货都在凌晨4点至7点，门店要安排店员在岗，对关键的货品进行清点和确认，这种方式容易出现疏漏，同时店员也很辛苦。后来该企业在门店安装RFID(Radio Frequency Identification，射频识别)感应装置，在关键材料上安装RFID标签。每天早上仓库送货人员把货送到门店，店员无须在店内等待，送货人员一进店，设备就自动感应出来有多少货进来了，同时与昨天的补货需求量做对比，如果有差异，则立即推送提醒通知给店长。送货人员按照要求把货品放到相应的位置，比如冰箱或者后仓货架。这些位置都有感应器，可以判断送货人员的操作是否符合要求。有了这些数字化手段，门店盘点和补货也变得很容易。店员的时间得到了释放，可以更好地服务客户。

表现3：某企业通过搭建端到端的全供应链可视化平台，将计划、采购寻源、生产、运输、门店运营信息从执行系统实时抓取到平台上，构造了透明、实时协同的数字化供应链平台。同时通过应用供应链数据科学和优化算法，给业务人员提供了众多的可以应用的场景。比如，将执行与计划的偏差、需求超出范围的波动、门店客流的变化、门店供需的变化等推送给业务人员，用数据驱动供应链运营。同时数据科学家、决策科学家根据平台上的数据，创造出了众多优化的应用场景，比如多节点库存优化、运输优化、随机供需优化、商品组合优化、定价优化等。

表现4：越来越多的企业开始应用供应商关系管理系统、采购寻源系统，将企业内部的需求通过供应商门户与供应商对接。企业将需求发布到门户上，收到邀请的供应商甚至陌生的供应商可以进行需求响应。这看似是信息化的延续，但这样的数字化让供方和需方实现了实时在线。在整个执行过程中，询价、报价、采购协议、采购订单、货品发货、发货通知单、采购接收信息都能实时采集，极大地降低了采购执行成本，提高了采购效率。随着采购进程的可视化，企业能够更好地安排后续的接收、入库和上架工作。

表现5：我国有不少企业还没有开展信息化时代的供应链计划系统的应用，就迎来了数字化供应链计划的时代。在信息化时代，企业可通过需求计划、供应计划、库存计划、SOP、分销资源计划、补货计划等，指挥供应链链条的运作。信息化时代下的软件系统既有预测算法(需求计划)，也有优化算法(高级计划中的基于约束的排程)。而在数字化时代，软件变得实时和在线，最重要的是能够方便地与上下游合作伙伴进行在线协同，同时部分算法由统计算法变成了所谓的智能算法，能够更好地辅助人们开展工作。

4.3.5 零售数字化供应链的关键技术

随着零售业的数字化转型，许多关键技术在实现数字化供应链方面发挥着重要作用。本小节将介绍零售数字化供应链的关键技术，并探讨其在提高效率、优化运营和增强竞争力方面的作用。

1. 电子数据交换技术

电子数据交换(Electronic Data Interchange，EDI)技术可以在不同信息系统之间传输和处理商业文档。EDI 技术使得零售企业能够与供应商、物流公司和其他合作伙伴之间实现快速、准确的数据交换，降低了数据录入和处理的错误率，提高了数据交流的效率和可靠性。

2. 供应链集成技术

供应链集成技术将零售企业的内部系统与外部合作伙伴的系统进行连接和集成，实现了数据共享和业务协同。通过供应链集成技术，零售企业能够实现与供应商、物流服务提供商和分销渠道的实时连接，实现库存管理、订单处理、配送和销售数据的即时共享和协调。

3. 物联网技术

物联网(Internet of Things，IoT)技术将传感器、智能设备和互联网连接起来，实现了物理设备之间的数据交互和通信。在零售数字化供应链中，物联网技术可以应用于仓库管理、库存跟踪、产品追溯和设备监控等方面。通过物联网技术，零售企业能够实时监测库存水平、产品位置和条件，优化供应链的可见性和响应能力。

4. 大数据和分析技术

大数据和分析技术在零售数字化供应链中具有重要作用。通过收集、存储和分析海量的供应链数据，零售企业能够识别趋势、预测需求、优化库存管理和提高供应链效率。数据分析工具和算法可以帮助企业发现潜在的问题和机会，并提供决策支持。

5. 人工智能技术

人工智能(Artificial Intelligence，AI)技术在零售数字化供应链中的应用越来越广泛。AI技术可以处理和分析大规模的数据，实现自动化的预测、决策和优化。例如，基于机器学习的需求预测模型可以帮助零售企业准确预测产品需求，优化库存水平和补货策略。智能的推荐系统可以提供个性化的产品推荐，提高销售转化率和客户满意度。

6. 区块链技术

区块链技术在零售数字化供应链中具有潜在的应用前景。区块链技术可以实现供应链数据的透明度、可追溯性和安全性，减少欺诈和造假，增强供应链各方之间的信任和合作。通过区块链技术，零售企业可以实现供应链信息的共享和验证，确保产品的真实性和质量。

7. 云计算技术

云计算技术为零售数字化供应链提供了强大的基础设施和资源支持。通过云计算，零售企业可以实现灵活的存储和计算能力，快速部署和扩展应用系统，降低 IT 成本和复杂性。云计算还可以提供安全的数据存储和备份，确保供应链数据的可靠性和可恢复性。

综上所述，电子数据交换、供应链集成、物联网、大数据和分析、人工智能、区块链和云计算等技术在零售数字化供应链中具有重要作用。零售企业应根据自身的需求和目标，合理选择和应用这些技术，以提高供应链的效率、透明度和竞争力。

任 务 实 训

1. 任务描述

(1) 使用网络搜索 1 个供应链数字化转型优秀零售企业案例。

(2) 以小组为单位，整理和分析资料，可制作 PPT、视频、公众号推文，并进行汇报。

2. 任务要求

(1) 实训采用"课外+课内"的方式进行，资料的收集与整理及 PPT、视频、公众号推文的制作在课外完成，成果展示安排在课内。

(2) 每小组成果展示时间为 10 分钟，教师点评时间为 5 分钟。

3. 任务评价

任务评价信息如表 4-5 所示。

表 4-5 任 务 评 价 表

评分要素	评分点	权重	表 现 要 求	得分
技能运用	信息收集	10	能够使用搜索引擎查找并收集信息资料	
	资料整合	30	能够对收集到的信息进行整合，逻辑清晰，语言表述通俗易懂、简明扼要，数据翔实，图文并茂	
成果呈现	团队协作	20	团队成员能共同协作完成任务	
	表现力	20	思路表达清晰，陈述完整，关键问题表述正确	
	PPT、视频、公众号推文	20	美观，配色合理，排版整洁、清晰，风格统一，内容严谨、充实饱满，表达清晰，主次分明	

模块知识掌握测试

1. 判断题

(1) 供应链的概念注重围绕非核心企业的网链关系，每一个企业在供应链中都是一个节点，节点企业之间是一种需求与供应的关系。   (   )

(2) 供应链的本质是增值链。   (   )

(3) 零售供应链的复杂程度取决于门店网络、配送中心网络的节点数量和层级数量。

(   )

(4) 零售供应链会产生产业集群效应。 （　　）

(5) 纵向一体化的零售商是指产供销一体化。 （　　）

(6) 新零售时代下的供应链是成本驱动的。 （　　）

(7) 零售供应链关系的更迭经历了三个阶段，其中第一阶段的关系表现为货→场→人。

（　　）

(8) 新零售下的经销商不确定性最大。 （　　）

(9) 从根本上来说，预测功能是人工智能的价值体现，预测本身并不是运用这项技术的目的，而是为了给企业的决策制定提供参考，减少企业因缺乏经验而产生的决策失误。（　　）

(10) 管理对象的数字化、管理工具的数字化，带来了管理方式的数字化。 （　　）

2. 单选题

(1) 供应链中描述商品的需求到生产再到供应过程中的各经营实体不包括(　　)。

A. 经销商　　　　　　　　B. 零售商

C. 制造商　　　　　　　　D. 供应商

(2) 供应链的本质是(　　)。

A. 资金链　　　　　　　　B. 信息链

C. 增值链　　　　　　　　D. 物料链

(3) 零售供应链关系的更迭中第三个阶段是(　　)。

A. 场→人→货　　　　　　B. 场→货→人

C. 货→场→人　　　　　　D. 人→货→场

(4) 在新零售时代下，占据消费者主导地位的是(　　)。

A. 价格　　　　　　　　　B. 质量

C. 需求　　　　　　　　　D. 性价比

(5) 下列哪个选项不是新零售下消费者体验的需求？(　　)

A. 高质量产品的生产　　　B. 新品的快速投产

C. 定制化生产　　　　　　D. 小批量、多批次的柔性生产

(6) 第三利润源泉是(　　)。

A. 节点企业　　　　　　　B. 物流

C. 信息流　　　　　　　　D. 资金流

(7) (　　)如果不能正常运行，会导致生产经营活动的中断。

A. 上游链资金　　　　　　B. 物流

C. 信息流　　　　　　　　D. 下游链资金

(8) 在供应链中，(　　)是条件，(　　)是终结和归宿，(　　)是手段。

A. 资金流、信息流、物流

B. 资金流、物流、信息流

C. 物流、信息流、资金流

D. 信息流、资金流、物流

(9) 产业集群效应是在(　　)供应链的(　　)流。

A. 制造、实物　　　　　　B. 制造、商业

C. 零售、实物　　　　　　　D. 零售、商业

(10) 数字化供应链所应用到的技术不包括(　　)。

A. 大数据　　　　　　　B. 人工智能

C. 区块链　　　　　　　D. 条形码

3. 多选题

(1) 供应链管理实际上是对(　　)的集成管理。

A. 核心企业

B. 物流

C. 资金流

D. 信息流

E. 非核心企业

(2) 零售供应链的关键能力是(　　)。

A. 精准的库存控制能力

B. 精准的研发、选品、组货能力

C. 精准的供应能力

D. 精准的成本管理能力

(3) 零售供应链上的节点包含(　　)。

A. 品牌商的仓库

B. 渠道商的仓库

C. 零售商的总仓

D. 零售商的分仓

E. 零售商的门店

(4) 新零售供应链建设的三个方面为(　　)。

A. 供应链可视化

B. 供应链绿色化

C. 供应链人工智能化

D. 供应链指挥智慧化

(5) 新零售的供应链主要包含的主体有(　　)。

A. 零售商

B. 经销商

C. 物流服务商

D. 品牌商/生产商

模块五　零售科技

本模块知识结构图

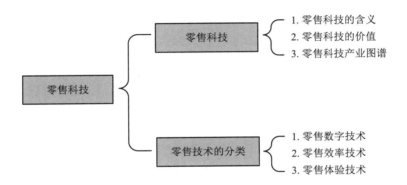

5.1 零售科技

1. 了解零售科技的含义。
2. 了解零售科技产业图谱。
3. 了解零售科技的价值。

1. 能够规划出零售科技线上线下赋能路径。
2. 能够通过零售科技产业图谱，找到符合零售企业需求的零售科技服务企业。

1. 通过导入案例，培养学生重视科技在零售行业中的应用的意识。
2. 通过任务实训项目，培养学生的零售科技创新意识。

引 例

科技如何驱动零售？

过去二十来年，新技术不断推动零售业的深刻变革，行业格局也随之调整。苏宁零售技术研究院研究显示，从科技创新能力的维度划分，现在的零售企业大致分为四类：第一类，全国性线上、线下一体化 O2O 大型零售企业，他们已经有能力通过科技扩大发展；第二类，地域性、业务覆盖一定广度的零售企业，这类公司是科技创新的追随者和重要实践者；第三类，有连锁经营、互联网运营能力，有一定 IT 管理能力，聚焦单品经营的零售企业，科技创新相对保守；第四类，在技术创新上尚处弱势群体的零售企业。

四类零售企业技术创新实力不一，在业内看来，对科技驱动未来零售发展，普遍有共识。如何进行数字化转型，几乎是所有零售企业都在面对和亟待解决的重要问题。

从支撑零售到驱动零售，苏宁近三十年的零售实践过程变化丛生，但科技角色始终不可缺少。苏宁作为中国"智慧零售"的首倡者和实践者，已经建立全场景、全渠道、全品类的智慧零售布局，实现科技与零售的深度结合。智慧零售大脑，汇集云计算、大数据、人工智能、物联网等前沿技术，可有效提升管理效率和用户体验，其所代表的苏宁科技能力，已从支撑零售发展到了驱动零售的新阶段，这也是中国零售科技发展的一部浓缩史。早在创立之初的空调专营时期，苏宁就意识到信息化的关键作用。1994 年，苏宁自主开发了第一个企业信息化工程——售后服务系统信息化；1996 年，苏宁再度自主开发并实施了销售系统信息化、财务电算化。进入连锁时代，苏宁的信息化建设更是马不停蹄。2000 年，ERP 系统上线；2003 年，建立全国性 VOIP 系统；2006 年，SAP/ERP 上线，被誉为世界零售业灯塔工程；2007 年，企业 SOA 平台上线；2009 年，CRM 平台上线，雨花数据中心建立。随着互联网蓬勃发展，电商平台兴起，苏宁也开始踏上互联网征途。2010 年，苏宁易购网站上线、徐庄数据中心建立，苏宁正式进入互联网转型的发展时代。

新十年战略，在"科技苏宁，智慧服务"的核心思想下，苏宁相继成立南京、美国、上海、武汉研发基地，全球研发团队不断壮大，技术能力实现跨越发展。技术驱动下，苏宁首创"一体两翼三云四端"的 O2O 模式，在国内零售业率先实现线上、线下的融合。2017 年，苏宁提出"智慧零售"战略。2018 年，苏宁科技集团正式成立，并入苏宁八大产业，研发人员突破 10 000 人。2019 年，"智慧零售大脑"全面支撑全场景零售，赋能零售生态圈。一路走来，科技与零售的深度融合，是苏宁发展的强大推动力，也是未来方向。"两大、两小、多专"的苏宁全场景业态布局，已经成为全球零售业首家，也是唯一一家实现线上、线下全场景均衡发展的零售企业。

苏宁近 30 年的数字化转型，证明了科技对于零售行业发展的重要性。

零售业作为贴近消费者的产业形态，其演变一定会受到当时技术变革的极大推动，科技是零售业态不断变革的动力之一。从轿车量产普及和城市道路网络的搭建完善，促使百货商场的出现，到计算机进入寻常百姓家、互联网的产生发展和搜索引擎技术的应用，推动如 Amazon、Ebay 这类电商巨头的纷纷诞生，这一切，都跟科技对零售业进行持续革新的内在驱动有着莫大的关系。

5.1.1　零售科技的含义

艾瑞咨询公司在《中国零售科技产业研究报告(2020 年)》中提出，不断变化的消费者和零售业内部对技术赋能的提高，推动了零售科技产业的发展，零售科技企业、零售企业、品牌商和消费者逐步形成互相驱动的共同体。

零售科技是指通过应用新一代科学技术(物联网、大数据、云计算、人工智能、VR/AR 等技术)来服务零售企业、品牌商等，帮助其重构效率与体验，从而实现消费者体验优化、零售企业成本降低以及企业效益的提升。

【课堂讨论】

零售科技一般需要零售企业投入大量资金,其是如何降低企业成本和提升企业效益的?

5.1.2 零售科技的价值

随着技术的进步和零售企业竞争越来越激烈,零售业所面临的人、货、场存在不少的痛点,要解决这些痛点,往往需要借助零售科技,这就使得零售科技在零售企业发展过程中的价值越来越重要。

1. 零售科技可以帮助零售企业充分挖掘人的经济效益

在关于"人"的痛点方面,一是职工薪酬占门店运营成本较高。根据中国连锁经营协会发布的《2019 中国便利店发展报告》,职工薪酬费用在样本企业 2018 年平均费用支出中占 60%,达到 153 万元,职工薪酬又是零售企业的较大支出,零售企业中人这一资源成本与效益并不匹配。二是具有导购经验和店铺运营经验的员工缺乏,同时连锁便利店员工流动率较高,每年的员工流动率可达到 90%左右。三是消费者时代,消费者越来越希望有针对性的推荐建议。《后疫情时代,消费者调研问卷》的数据显示,38.6%的消费者因为导购/店员的推销没有打动自己选择更换购买店铺,41.8%的消费者因为导购/店员没有时间理睬自己选择更换购买店铺,表明导购/店员受限于日常的店铺运营活动或者对如何实现精准推销的经验不足。

零售企业可以应用物联网、智慧门店信息系统等技术,提高门店的智能化程度,将店员从烦琐的店内日常工作中解放出来,增加与客户的交流时间,根据 Aruba 公司的 The road to digitalization in retailing,72%的零售从业人员认为数字化技术提高了他们的工作效率;零售企业还可以利用客流热力图和会员精准画像,对到店顾客和企业会员进行大数据分析,通过优化后的货架设置和精准的用户画像,使顾客能快速发现感兴趣的商品,并使店员成为顾问型导购,帮助其具备从用户视角来制定最优的购买决策的能力,优化顾客购物体验的同时,提升顾客的品牌忠诚度,提高门店人效。

2. 零售科技可以帮助零售企业提升商品管理的经济效益

随着消费者思维对零售业态各环节的不断重塑,为消费者提供他们想买的商品成为各零售企业的核心能力。目前,零售企业在商品管理方面存在以下问题。

1) 商品供应链管理

(1) 供应链路的信息不畅通。由于供应链的流程和环节过多,产生牛鞭效应,从而造成消费者反馈无法及时准确传达到品牌商和供应商,使得上游无法及时根据市场进行商品品类优化。

(2) 店内缺货。对于消费者而言,如果无法在店内购买到自己所需求的商品,便会通过更换店铺进行消费,如果为了满足消费者的消费需求,大量进货,造成库存积压,对于零售企业而言,是另一种资源消耗,平衡店内存货是零售企业想要致力解决的问题。

2) 商品消费者侧管理

(1) 商品溯源问题。伴随着消费升级,消费者绿色消费、健康消费的意识不断增强,使得对于商品从原料采集到加工的全流程信息透明度要求提高,能够实现商品溯源成为自身营销的有力手段。

(2) 商品售后服务。售后服务的质量和效率是消费者考量购买商品,特别是大额商品时的因素之一。由于自营售后服务团队成本较高,所以传统售后服务往往以外包的形式交由第三方负责。这在一定程度造成服务质量参差不齐,影响品牌形象。

零售科技所推进的数字化供应链链条和智能化的商品管理能力成为解决问题的关键。零售企业可以通过传感器、RFID、电子标签等技术来实现供应链和商品店内流转过程的数字化,然后,再基于多渠道的数据信息,结合大数据、云计算、算法模型等技术来实现智能化、智慧化的商品管理,从而达到提高库存管理效率、优化商品陈列、降低人力成本等效果。

3. 零售科技可以帮助企业实现从人找货到货找人

传统意义上零售的场包含"交易场所+存储场所+展示场所"三重价值,消费者通过门店完成商品的选择及购买,而传统的零售商则通过提供交易场所来实现零售双方的供需匹配。所以,对于线下零售商而言,自身的铺店规模、铺店密度和门店周边的人流情况是实现商业价值变现的核心因素。随着网络购物的快速发展,物流网络的搭建完善以及可选商品增多使得消费者具有话语权,货找人模式到来并逐渐深入零售业态。此外,伴随"场"的边界越发模糊,营销活动地点也不再固化。营销不再只通过电视广告、地推、纸质广告等途径来覆盖消费者,全渠道营销、自动化营销及利用线下门店提供展厅展示功能等受到重视。

对于场的存储功能,以往单一线下门店的库存往往供本店和相近区域内门店协调使用,场的仓储能力没有被充分发挥。随着网络技术发展、物流运输完善和零售商为了满足消费者即得性需求,前置仓模式加重了场的仓储意义,通过网络将客户订单分配至最近的门店,然后由门店进行库存调配,完成商品到消费者的链条,缩短了货到人的时间,优化了购物体验。

5.1.3 零售科技产业图谱

产业图谱是源于 20 世纪 90 年代管理咨询的一个概念,最早用于各产业的领军企业或者政府来探寻细分市场的发展规模、发展现状、发展趋势,旨在明确产业上的空白领域,产业发展的弱项、短板以及未来可能的增长空间。

1. 零售产业图谱的定义

零售产业图谱是一种用于描述零售行业中各个细分市场的发展规模、现状和趋势的管理工具,它通过收集和分析数据,呈现出零售市场的整体格局和各个细分市场的位置。

2. 零售产业图谱的使用

(1) 细分市场的划分。零售产业图谱将零售市场划分为不同的细分市场,通常基于商品类别、销售渠道、消费者群体等因素进行分类。这样的划分有助于深入了解每个细分市场的特点和潜力。

(2) 细分市场的发展规模。零售产业图谱可以展示每个细分市场的发展规模,包括市场

规模、销售额、市场份额等指标。这有助于了解每个细分市场的商机和潜在收益。

(3) 细分市场的发展现状。通过零售产业图谱，可以了解每个细分市场的发展现状，包括竞争格局、主要参与者、市场份额分布等信息。这有助于识别领军企业和市场发展的现状。

(4) 细分市场的发展趋势。零售产业图谱可以揭示各个细分市场的发展趋势，包括市场增长率、新兴趋势、消费者偏好等。这有助于预测未来市场的发展方向和机会。

(5) 发现产业上的空白领域。零售产业图谱的目的之一是明确产业上的空白领域，即尚未充分开发或未被满足的市场需求。这些空白领域代表着潜在的商机和增长空间。

(6) 识别产业的弱项和短板。通过零售产业图谱，可以识别出零售产业的弱项和短板，即发展相对滞后或存在挑战的领域。了解这些弱项和短板有助于制定相应的改进和发展策略。

(7) 预测未来的增长空间。基于零售产业图谱的信息，可以预测未来的增长空间。这有助于零售企业和政府制定相应的战略规划和发展方向，以实现可持续增长。

【课堂训练】

搜索零售科技产业图谱，根据图谱为学校新设立的便利店配备相关零售技术。

任 务 实 训

1. 任务描述

(1) 搜索新一代信息技术在零售企业应用的视频，填入表 5-1 中。

表 5-1　新一代信息技术在零售企业应用的视频

新一代科学技术	具体应用视频
物联网	
大数据	
云计算	
人工智能	
VR/AR	

(2) 以小组为单位，整理和分析搜索资料，制作视频，并进行汇报。

2. 任务要求

(1) 实训采用"课外＋课内"的方式进行，资料的收集整理、视频制作在课外完成，成果展示安排在课内。

(2) 每小组成果展示时间为 10 分钟，教师点评 5 分钟。

3. 任务评价

任务评价信息如表 5-2 所示。

表 5-2　任务评价表

评分要素	评分点	权重	表现要求	得分
技能运用	信息收集	10	能够使用搜索引擎查找并收集信息资料	
	新一代技术应用	20	能够收集到新一代信息技术在零售企业应用的具体例子，并了解该技术	
	资料整合	20	能够对收集到的信息进行整合，逻辑清晰，语言表述通俗易懂	
成果呈现	团队协作	15	团队成员能共同协作完成任务	
	表现力	15	思路表达清晰，陈述完整，关键问题表述正确	
	视频	20	美观，清晰，风格统一，内容严谨、充实、饱满，表达清晰，主次分明	

5.2　零售技术的分类

知 识 目 标

1. 了解零售数字技术、效率技术、体验技术。
2. 掌握数字技术、效率技术、体验技术的应用。

技 能 目 标

能够根据零售企业的不同需求，制订使用零售技术方案。

素 养 目 标

1. 通过导入案例，引导学生使用不同零售技术的管理意识。

2. 通过任务实训项目，加强学生对不同零售技术的使用体验，增强科技强国意识。

引 例

零售业的核心竞争力

科技对零售行业的影响不断深入。许多知名品牌，包括服装、美妆、餐饮、家居和超市等行业的头部品牌，已经将科技视为其发展的关键，并通过升级门店体验和产品创新等方式，将科技融入业务中。

科技+服装：将服装与艺术和科学创新相结合，实现了高技术产品、数字化体验和新零售购物体验的全面革新。通过重塑人、货、场三要素，瞄准未来的生活方式。在产品方面进行创新，比如研发轻盈、保暖的羽绒服和温暖内衣，在门店体验方面引入科技，如智能手机应用程序和AR试衣镜等。

科技+美妆：美妆品牌将科技应用于其业务中，通过收购科技公司、推出智能化产品和实施全场景智慧零售等举措，满足消费者对个性化、多样化和超越产品的消费体验的需求。

科技+家居商场：在家居商场领域，通过数字化转型和科技投入实现了较大的发展。利用科技分析和算法，了解顾客需求，根据个性化推荐产品并推出了专业的3D云设计软件，提供家装设计服务，并通过大数据分析和算法支持的家居选品来提供个性化体验。

零售行业头部企业正在利用零售科技构建自身的科技竞争壁垒。零售技术的使用已经成为企业核心竞争力。

根据艾瑞研究院报告，按照底层技术差异和对零售环节、业务场景赋能的角度的不同，零售科技分为零售数字技术、零售效率技术及零售体验技术三类。三种技术协同服务零售业务链条和业务场景，赋能品牌商、零售商、供应商等。

5.2.1　零售数字技术

零售数字技术是指利用物联网、大数据、云计算、人工智能等技术，整合多源数据，提供智能化决策数据支持。零售数字技术主要价值如下：

(1) 精准营销。零售数字技术通过数据分析和人工智能的应用，可以深入了解消费者的购买行为、喜好和需求。零售商可以通过精准的推荐系统和个性化营销策略，向潜在客户提供定制化的产品和服务，提高购买的准确性和效率。

(2) 潜在客户转化率提升。通过精准营销，零售商能够更好地吸引并转化潜在客户，了解消费者的偏好和需求，针对性地进行促销活动和营销策略，以提高潜在客户的购买意愿和转化率。

(3) 复购率提高。通过数字技术，零售商可以与消费者的持续互动，建立并维护关系。通过定期更新个性化的产品推荐、提供快速便捷的购物体验、积极回应客户反馈等方式，零售商能够增加消费者的满意度和忠诚度，进而提高复购率。

(4) 客单价提升。通过精准营销和个性化推荐，零售商可以向消费者展示更多相关的产品和增值服务，引导消费者购买更多的商品或选择更高价位的产品，从而提高客单价。

(5) 企业盈利优化。通过实现精准营销，提高潜在客户转化率、复购率和客单价等指标，零售商能够提高销售额和盈利能力。同时，通过数据分析和优化供应链管理，零售商可以降低成本和库存风险，进一步优化盈利状况。

(6) 商品全周期管理优化。零售数字技术可以帮助零售商实现对商品全周期的精细管理。从商品的采购、库存管理、销售预测到售后服务，数字技术可以提供实时数据和分析，帮助零售商更好地掌握市场需求，减少库存积压和滞销风险。

(7) 缺货率降低。借助零售数字技术，零售商可以更准确地预测和规划库存需求，及时补货和补充缺货商品。通过减少缺货现象，提供及时的库存补充和交付，零售商能够提高顾客满意度，避免销售损失和客户流失。

零售企业融入零售数字技术的方式有以下几种：

(1) 电子商务平台。电子商务平台是零售商利用互联网和数字技术搭建的在线购物平台，它使消费者可以方便地浏览和购买商品，为零售商提供了全球范围的销售机会。

(2) 移动应用程序。移动应用程序允许消费者通过智能手机和平板电脑进行购物，提供了更加便捷和个性化的购物体验。消费者可以随时随地浏览产品、下订单和进行支付。

(3) 数据分析和人工智能。数据分析和人工智能技术可以帮助零售商分析和利用海量的消费者数据。通过深入了解消费者的购买偏好和行为模式，零售商可以提供个性化的产品推荐、精确的定价策略和优化的库存管理。

5.2.2 零售效率技术

零售效率技术是指利用无人机、物流机器人、云仓储等技术，提高物流效率；利用网络技术，实现数据和指令快速传达，提高决策效率。

零售效率技术主要价值如下：

(1) 商品流效率提升。零售效率技术可以帮助零售商优化商品的采购、库存管理和上架流程。通过使用自动化货架管理系统、RFID 标签和实时库存跟踪技术，零售商能够准确掌握商品的位置和数量，实现快速的货架补货和调度，提高商品流通效率。

(2) 物流流转效率提高。零售效率技术可以通过物流管理系统、智能配送路线规划和实时跟踪技术，优化物流流程。零售商可以实现订单的快速处理和准时交付，提高物流效率并降低配送成本。

(3) 资金流转效率提升。零售效率技术可以利用数字支付系统、电子钱包和移动支付等技术，实现快速、安全和便捷的支付方式。这有助于加速交易的结算和资金的流转，减少传统纸质支付和结算方式的时间和人力成本。

(4) 优化线下零售场景内人效。零售效率技术可以引入自助结账系统、智能导购设备和智能库存管理系统等技术，改善线下零售场景中人效不高的问题。消费者可以自主完成选购和结算过程，减少人员排队等待时间，提高服务效率。此外，智能库存管理系统可以自动监测和补充货品，降低人工操作的需求，从而提高人员的工作效率。

(5) 数据驱动决策优化。零售效率技术可以通过数据分析和实时监控，提供零售经营决策的依据。通过对销售数据、库存数据和消费者行为数据的分析，零售商可以做出准确的库存采购决策、定价策略调整和促销活动安排，提高运营效率和利润水平。

零售企业融入零售效率技术的方式有以下几种：

(1) 自动化和机器人技术。自动化和机器人技术在零售业中可以应用于库存管理、物流和客户服务等方面。例如，自动化的货架管理系统可以及时补充商品，机器人可以帮助搬运货物，从而提高工作效率和减少人力成本。

(2) 物联网(IoT)。物联网技术可以将各种设备和传感器连接起来，实现实时数据监测和交互。在零售业中，物联网可以用于库存追踪、智能支付系统和智能家居设备，提高供应链的可见性和运营效率。

(3) 数据管理和集成系统。零售商需要有效管理和整合来自多个渠道和数据源的数据。通过建立统一的数据管理和集成系统，零售商可以更好地理解消费者行为、优化供应链和做出决策。

【课堂讨论】

京东物流机器人的应用主要提升了哪些方面的效率？

5.2.3 零售体验技术

零售体验技术是指利用 AR、VR 等技术，优化线上消费体验；利用交互大屏、导购机器人提供店铺位置、实时商品信息等内容，提高线下消费体验。

零售体验技术主要价值如下：

(1) 提供沉浸式体验。零售体验技术如虚拟现实(VR)和增强现实(AR)等技术，可以为消费者提供沉浸式的购物体验。通过虚拟试衣、虚拟展示和实时互动等功能，消费者可以更加真实地感受和体验商品，提高购买的决策信心。

(2) 提供个性化服务。零售体验技术可以利用数据分析和人工智能的应用，为消费者提供个性化的服务。通过分析消费者的购买历史、偏好和需求，零售商可以提供定制化的产品推荐、购物指导和专属优惠，提高消费者的满意度和忠诚度。

(3) 创造互动与参与。零售体验技术可以通过交互式的展示和活动，创造消费者与品牌之间的互动和参与。例如，利用数字屏幕、智能设备和游戏化元素，零售商可以打造趣味性的购物场景，吸引消费者积极参与和探索。

(4) 整合线上线下体验。零售体验技术可以将线上和线下的购物体验进行有机整合。例如，通过移动应用程序、智能终端和虚拟展示等方式，消费者可以在线下实体店铺中浏览和购买线上商城的商品，或者通过线下体验获得线上购物的优惠和奖励。

(5) 提供便捷和无缝的购物体验。零售体验技术可以通过数字支付、自助结账和智能购物车等功能，提供便捷和无缝的购物体验。消费者可以通过手机支付、扫码购物和自助结账等方式，减少排队等待时间，提高购物的效率和便利性。

(6) 增加感官体验。零售体验技术可以利用声音、光影、气味等感官元素，创造出独特的购物氛围和体验。通过音乐、灯光和香氛的运用，零售商可以营造出与商品风格相符的环境，增加消费者的情感共鸣和购买欲望。

零售企业融入零售体验技术的方式有以下几种：

(1) 社交媒体和影响力营销。社交媒体平台为零售商提供了与消费者直接互动的机会。

通过发布内容、推广优惠和与影响者合作，零售商可以吸引和留住客户，提升品牌形象和销售额。

(2) 虚拟现实和增强现实。虚拟现实和增强现实技术为消费者提供了更加身临其境的购物体验。消费者可以通过虚拟现实店面游览，或者使用增强现实应用程序在实际环境中查看产品的效果和相关信息。

(3) 个性化营销和定制化服务。通过数据分析和个性化推荐系统，零售商可以根据消费者的喜好和需求提供定制化的产品和服务。这种个性化的营销方式可以增加消费者的满意度和忠诚度。

【课堂训练】

登录基于纺织服装全产业链的职业教育虚拟仿真实训基地(https://vr.gdpt.edu.cn:10001/#/index)，注册账号，使用《服装新零售门店虚拟仿真项目》，搭建一个虚拟零售门店。

任务实训

1. 任务描述

(1) 实际了解或体验一种零售体验技术。

(2) 以小组为单位，线上或线下体验零售体验技术，分析其存在的优点和不足，制作 PPT，并进行汇报。

2. 任务要求

(1) 实训采用"课外＋课内"的方式进行，线上和线下体验以及制作 PPT 在课外完成，成果展示安排在课内。

(2) 每小组 PPT 成果展示时间为 10 分钟，教师点评 5 分钟。

3. 任务评价

任务评价信息如表 5-3 所示。

表 5-3 任务评价表

评分要素	评分点	权重	表 现 要 求	得分
技能运用	信息收集	10	能够使用搜索引擎查找线上零售体验技术	
	零售体验技术分析	20	体验完毕后，能够分析该零售体验技术的优缺点	
	资料整合	20	能够对收集到的信息进行整合，逻辑清晰，语言表述通俗易懂、简明扼要，图文并茂	
成果呈现	团队协作	15	团队成员能共同协作完成任务	
	表现力	15	思路表达清晰，陈述完整，关键问题表述正确	
	PPT	20	美观，配色合理，排版整洁、清晰，风格统一，内容严谨、充实、饱满，表达清晰，主次分明	

模块知识掌握测试

1. 判断题

(1) 利用 AR、VR 等技术，优化线上消费体验；利用交互大屏、导购机器人提供店铺位置、实时商品信息等内容，提高线下消费体验，是零售体验技术的特点。（　　）

(2) 零售业作为贴近消费者的产业形态，其演变都受到当时技术变革的极大推动，科技是零售业态不断变革的动力之一。（　　）

(3) 艾瑞咨询公司在《中国零售科技产业研究报告(2020 年)》中提出，不断变化的消费者和零售业内部对技术赋能的音量提高，但是没有推动零售科技产业的发展。（　　）

(4) 零售科技是指通过应用新一代信息技术(物联网、大数据、云计算、人工智能、VR/AR 等技术)来服务零售企业、品牌商等，帮助其重构效率与体验，从而实现消费者体验优化、零售企业成本降低以及企业效益提升。（　　）

(5) 零售科技可以帮助零售企业充分挖掘货这一零售企业经济效益。（　　）

(6) 人员管理带来的一系列问题成为了零售商和品牌商必须突破的难题。（　　）

(7) 数字化的供应链和智能化的商品管理成为解题关键。（　　）

(8) 从人找货到货找人，场的三重价值正在被重新定义。（　　）

(9) 智慧营销通过实现全渠道触达和自动执行，这种方法只能方便管理，不能提高潜客转化和客户复购率。（　　）

(10) 产业图谱源于 20 世纪 90 年代管理咨询的一个概念。（　　）

2. 单选题

(1) 零售体验技术如虚拟现实(VR)和增强现实(AR)等技术，可以为消费者提供沉浸式的购物体验。这属于零售体验技术带来的什么价值？（　　）

A. 提供沉浸式体验

B. 提供个性化服务

C. 创造互动与参与

D. 整合线上线下体验

(2) 零售体验技术可以将线上和线下的购物体验进行有机整合。这属于零售体验技术带来的什么价值？（　　）

A. 提供沉浸式体验

B. 提供个性化服务

C. 创造互动与参与

D. 整合线上线下体验

(3) 零售体验技术可以通过交互式的展示和活动,创造消费者与品牌之间的互动和参与。这属于零售体验技术带来的什么价值？（　　）

A. 提供沉浸式体验

B. 提供个性化服务

C. 创造互动与参与

D. 整合线上线下体验

(4) 零售效率技术可以帮助零售商优化商品的采购、库存管理和上架流程。这属于零售效率技术带来的什么价值？（　　）

A. 商品流效率提升

B. 物流流转效率提高

C. 资金流转效率提升

D. 优化线下零售场景内人效

(5) 零售效率技术可以利用数字支付系统、电子钱包和移动支付等技术，实现快速、安全和便捷的支付方式。这属于零售效率技术带来的什么价值？（　　）

A. 商品流效率提升

B. 物流流转效率提高

C. 资金流转效率提升

D. 优化线下零售场景内人效

(6) 零售效率技术可以通过物流管理系统、智能配送路线规划和实时跟踪技术，优化物流流程。这属于零售效率技术带来的什么价值？（　　）

A. 商品流效率提升

B. 物流流转效率提高

C. 资金流转效率提升

D. 优化线下零售场景内人效

(7) 零售数字技术通过数据分析和人工智能的应用，可以深入了解消费者的购买行为、喜好和需求。这属于零售数字技术带来的什么价值？（　　）

A. 精准营销

B. 潜在客户转化率提升

C. 复购率提高

D. 客单价提升

(8) 通过精准营销和个性化推荐，零售商可以向消费者展示更多相关的产品和增值服务，引导消费者购买更多的商品或选择更高价位的产品，从而提高客单价。这属于零售数字技术带来的什么价值？（　　）

A. 精准营销

B. 潜在客户转化率提升

C. 复购率提高

D. 客单价提升

(9) 通过数字技术，零售商可以建立并维护与消费者的持续互动和关系。这属于零售数字技术带来的什么价值？（　　）

A. 精准营销

B. 潜在客户转化率提升

C. 复购率提高

D. 客单价提升

(10) 通过精准营销，零售商能够更好地吸引并转化潜在客户。这属于零售数字技术带来的什么价值？（   ）

A. 精准营销

B. 潜在客户转化率提升

C. 复购率提高

D. 客单价提升

3. 多选题

(1) 以下哪些选项是传统零售融入数字技术的方式？（   ）

A. 电子商务平台

B. 移动应用程序

C. 数据分析和人工智能

D. 虚拟和增强现实

(2) 以下哪些选项是传统零售融入效率技术的方式？（   ）

A. 自动化和机器人技术

B. 物联网(IoT)

C. 数据管理和集成系统

D. 虚拟和增强现实

(3) 以下哪些选项是传统零售融入体验技术的方式？（   ）

A. 自动化和机器人技术

B. 社交媒体和影响力营销

C. 虚拟现实和增强现实

D. 个性化营销和定制化服务

(4) 产业图谱最早用于各产业的领军企业或者政府来探寻什么内容？（   ）

A. 细分市场的发展规模

B. 发展现状

C. 发展趋势

D. 发展概况

(5) 传统零售的营销环节，企业会保存消费者信息并形成数据库，但会产生哪些问题？（   ）

A. 消费者信息颗粒度过粗，无法为定制化服务提供帮助

B. 没有为品牌形成与消费者之间交互的渠道

C. 消费者信息更新频次低，内容时效性差

D. 消费者不愿意透露个人信息

模块六 零售战略

本模块知识结构图

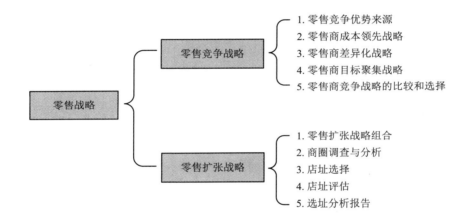

6.1 零售竞争战略

知识目标

1. 了解零售竞争优势的来源。
2. 熟悉影响零售商竞争的各项内外部环境因素。
3. 了解成本领先战略、差异化战略和目标聚集战略。

技能目标

1. 能够运用 PEST 模型进行宏观环境分析。
2. 能够运用波特五力模型进行行业竞争环境分析。
3. 能够结合外部环境和零售商内部资源进行竞争战略选择。

素养目标

1. 通过引例，引导学生了解中国零售企业创新实践，强化学生的创新意识。
2. 通过引例，提升学生做大做强中国零售以满足人民美好生活需求的责任感。
3. 通过实训任务，培养学生自主学习与综合分析的能力。

引例

数字化智慧运动综合体

在南方感受北方零下 10℃ 的冷，通过黑科技热成像技术精准选择"恰好"保暖的羽绒服；足部 3D 扫描，结合大数据库匹配全品牌最适合自己的跑鞋；把滑雪场、攀岩壁搬到门店，并提供专业教练的指导……这是近日在某体育用品集团首家数字化智慧运动综合体创动空间里呈现的场景。该集团以数字化、智能化、可视化等黑科技创新，优化消费者购物体验，实现一家人一站式全品类运动装备覆盖。该集团时尚运动品牌群 CEO 表示："要打造的是一个以用户场景体验推动的新商业目的地，是本集团近年来探索、深化 DTC 战略过程中创造的零售'新物种'。"

真实感受为标准，帮助消费者买到"更合适"的产品

在创动空间跑步/鞋模区，消费者可使用 3D 脚型扫描仪采集数据，工作人员以此个性化推荐符合其运动习惯的跑鞋。创动空间设立了冷冻室，可以模拟零下 10℃ 的温度。冷冻室内通过黑科技热成像技术，实时呈现穿者的温度情况，让消费者更精准地了解自己的保暖需求，选择更加轻薄、自在的保暖产品。

智能科技作辅助，让运动体验"更快乐"

滑雪区提供了仿真滑雪环境、专业的滑雪模拟器、专业的教练指导、多样的滑雪装备。消费者不再受限于季节变化，可随时享受滑雪运动的乐趣。创动空间还将举行专业滑雪互动表演，消费者亦可参与其中。在创动空间的攀岩区，无论是热爱攀岩的硬核玩家，还是初次尝试攀岩的"萌新"，都可以探索攀岩的乐趣。在篮球竞技区内，创动空间还引入了全息投影，开发设置包括专业技巧训练、投篮技巧提升、赛场模式等多个模块，帮助参与者提升表现。

多品类多品牌一站式，让需求满足"更全面"

创动空间是多品牌齐聚、受众全年龄覆盖的一站式运动零售综合体，在这里可以找到跑步、篮球、网球、高尔夫、越野、登山、露营等多个细分运动场景的产品。当下，消费者对运动、时尚的需求更加多样化。依托集团旗下多品牌不同运动类别的优势，围绕多元化运动的场景去打造体验，成为该集团与其他品牌很大的区别。

共生价值，与消费者一起创动

该集团新十年战略规划中提出了共生价值理念，要与消费者、伙伴、环境和社会共生。创动空间让该集团与消费者共生的价值理念得以展现。"我们希望创动空间仅仅是一个起点。"该集团时尚运动品牌群 CEO 认为，"作为一个头部企业，本集团很乐意投入时间和资金进行尝试，因为最后得益的肯定还是大众、消费者、运动爱好者。"

6.1.1 零售竞争优势来源

竞争优势，是指企业拥有的能够使其在某一市场上处于领先地位的独特能力。竞争优势的具体来源在不同行业中有所差别。前文提到过，零售组织是由一系列经营要素有机组合而成的。因此，零售行业竞争的实质就在于谁能更有效地整合及利用相关经营要素。当某一零售商能比竞争对手更好地使用这些要素为消费者创造价值，从而在某些方面实现超越时，它就拥有了一定的竞争优势。对零售商而言，竞争优势的来源主要可以概括为以下四个方面。

1. 商品

零售商店在本质上就是消费者购物的场所。要为顾客创造价值首先要保证顾客能在此购买到称心如意的商品。因此，商品因素是竞争优势的基础，下述其他的因素都必须围绕"商品"这一核心展开才能发挥应有的作用。

如何通过商品来确立自己的竞争优势呢？零售商可以选择从商品范围、商品质量、商品价格、商品更新率、商品独特性等角度入手。需要注意的是，除自有品牌外，很多时候零售商只是销售他人生产的商品，对于商品缺乏专有性。这意味着你能卖的东西竞争对手往往也能卖。因此，与供应商建立良好稳固的关系，从而获得更好的价格、确保畅销产品的供应也成为利用商品建立竞争优势的重要一环。

2. 购物体验

当各零售商经营的商品相差无几时，整体的购物体验成为影响消费者对商家选择的重要因素。其中，服务项目和服务质量在购物体验的打造中占到了很大比重。以顾客为本的优质服务可以很好地提升消费者的忠诚度，且有可能为店铺带来竞争对手难以匹敌的良好声誉。便利的店址以及舒适或别致的购物环境(如图 6-1 所示)也有助于提升购物体验，对消费者形成较大的吸引力。

图 6-1　重庆某购物中心内部环境

3. 成本优势

零售企业如果能以更低的成本提供与竞争对手同等质量的商品或服务，那它就能获得比竞争对手更高的边际利润，在竞争中掌握更大的主动权。在此基础上，低成本优势还可以酌情转化为商品价格优势或品类、服务、环境等优势。

4. 信息管理系统

高质量的信息管理系统通过连接各个销售终端和企业总部，能够动态收集并处理相关数据，有助于企业实时了解商品销售动态，把握消费者行为变化，优化决策。有些系统还能实现和供应商数据共享，既降低存货投资又提升顾客满意度。近年来，国内零售商越来越重视相关系统的运用。以引例中的智慧运动商店为例，门口摄像头负责判断顾客的性别和年龄区间，店内摄像头负责捕捉顾客的购物轨迹用以诊断冷区和热区；拿取和试穿动作会被记录形成拿及率和试穿率，用于和这件商品的最后购买次数对比，判断其吸引力；购买和支付可以在手持一体化设备完成；缺货商品可以在云货架下单。以上所有记录都会进入企业的信息管理系统，服务于精准化营销。

【课堂讨论】

你认为对零售商而言，是否存在某种永久的竞争优势？

零售竞争战略是指零售商在激烈的市场竞争中对于如何聚集能长期战胜竞争对手的优势所做出的谋划。常见的三种竞争战略如图 6-2 所示。长远来看，任何竞争优势都有被打破的时候，没有一劳永逸的独特战略。竞争对手的模仿、用户需求的改变或科技的进步都难免会导致市场竞争态势的改变，动态调整竞争战略是必然要求。而要让自身优势在较长的时间内保持业内领先地位，离不开企业核心竞争能力的培养，需使其同时具备价值优越性、异质性、不可仿制性、不可交易性和难于替代性。

图 6-2　竞争战略分类

6.1.2　零售商成本领先战略

1. 成本领先战略的实施

成本领先战略，又称低成本战略，是指企业在保证基本质量和服务的同时，通过一系列针对性措施使得总成本低于竞争对手。零售轮转理论就体现了成本领先战略在零售业发展历程中长期所处的重要地位。要实现成本领先，企业必须先深入了解自身成本现状，找出最有潜力降低成本的几个方面，针对性地制定控制目标和计划，严格控制相关成本。

零售商获取成本优势的常见途径有：

(1) 通过运营程序、经营产品等方面的标准化提高经营效率，达成规模经济；

(2) 采用次等或废弃店址、简易廉价设备设施、合作采购及减少商业广告等方式最大限度减少商品流通费用。

在这两点基础上，不少中国品牌正在推进数据驱动下的 DTC(Direct to Consumer，直接面向消费者)模式，通过线上平台、线下智能设备充分了解消费者需求，实现降本增效。

2. 成本领先战略的优势

如果零售商能创造并维持全面的成本领先，则定价只要等于或接近行业平均水平就能为其带来优于行业平均水平的经营业绩。同时，由于高于行业平均水平的利润给降价提供了较大的空间，因此成本优势可以转化为价格优势，以低廉的价格吸引顾客。

3. 成本领先战略的风险

成本领先优势最终往往体现在低价销售上，但低价有以下几大风险：

(1) 过低的价格可能引发顾客对产品质量的怀疑或导致品牌整体形象的混乱；

(2) 一味追求低价，过度压低经营成本，可能陷入压榨员工和供应商或降低质量等不利局面；

(3) 极易被竞争对手模仿，最终引发两败俱伤的价格战。

6.1.3 零售商差异化战略

1. 差异化战略的实施

差异化战略，是指企业在顾客广泛重视的一些方面力求独树一帜，选择顾客认为重要的一种或多种特质，并给予这种特质独特的地位以满足顾客的需求。顾客需求的多样化使得同一市场上差异化的成功方式也多种多样，常见的有如下几种。

1) 产品差异化

某超市在发展之初，发现生鲜是当时中国大型超市的一个薄弱点，便将传统农贸市场搬到了超市里面，主打生鲜销售，开创了知名的"农改超"模式，生鲜随之成为该超市的品牌标签之一。发展自有品牌也是现今不少零售商家打造产品差异化的手段。

2) 服务差异化

河南某超市就是以极致服务打造竞争优势的典型。针对各类人群的购物车、专设的宠物寄存区等数十项暖心服务让其成功拿下河南市场(如图 6-3 所示)。

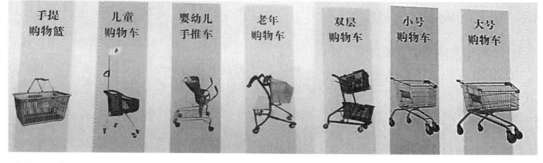

图 6-3 河南某超市差异化购物车

3) 形象差异化

有些零售企业会在日常经营中积极参与公益事业，打造负责任的企业形象。又比如，有些零售企业会通过改变装修风格等方式迎合年轻人，打造年轻时尚的形象。

2. 差异化战略的优势

差异化能为零售商带来溢价的报酬，而如果这部分溢价超过了零售商为此附加的额外成本，盈利就能高于行业平均水平，增强了零售商对上下游讨价还价的能力。此外，通过差异化塑造的良好企业形象还有助于提高顾客对品牌的忠诚度，形成强有力的竞争壁垒。

3. 差异化战略的风险

差异化的打造常伴随着经营费用的提高，之后往往是价格的上涨。但以提升服务为例，再周全的服务如果没有令人满意的商品做基础，顾客是不会愿意为高价服务买单的。再者，服务没有所谓的标准模式，零售商必须结合目标客户的需求特点做好服务主次的划分。否则，差异化带来的溢价报酬可能会被显著不利的成本所抵消。

6.1.4 零售商目标聚集战略

1. 目标聚集战略的实施

目标聚集战略，也称集中化战略，是指零售商选择一种或一组细分市场，并量体裁衣，使其战略专为这些细分市场服务。比如，在人口老龄化趋势下，某零售商开出了专为老年人打造的购物中心。业务的专一化使零售商能以更高的效率和更好的效果为某一细分市场服务，从而超越在全面市场内竞争的对手。聚集战略有两种形式：集中成本领先战略和集中差异化战略，也就是致力于追求目标细分市场上的成本优势或差异化优势。

2. 目标市场选择

市场细分具体方法详见"零售顾客"模块。目标市场的细分是否可行通常依据以下四点判断。

(1) 可测量性。

可测量性即市场的规模大小和购买力可以被测量。难以测量的细分市场不适合作为发展目标。

(2) 可营利性。

细分市场要有足够的规模和发展潜力以保证企业的经济效益。细分市场内现有和潜在的竞争也会影响其可营利性。有些企业会选择一组细分市场来避免单个细分市场容量太小的风险。

(3) 可接近性。

可接近性即企业有足够的资源和能力接近该细分市场并占据一定的市场份额。

(4) 易反应性。

该细分市场对营销策略的反应能够显著区别于其他细分市场。

6.1.5 零售商竞争战略的比较和选择

1. 环境分析

零售商竞争战略的选择取决于零售商的市场定位，而市场定位又需要结合企业的外部环境和内部资源能力来确定。

1) 宏观环境分析

宏观环境的分析一般采用 PEST 模型，即政治、经济、社会、技术四大因素(如图 6-4 所示)。

图 6-4 PEST 模型

(1) 政治法律环境。

政治法律环境是指对零售商的生产经营活动存在影响的方针、政策、法律等。不论在哪个国家和地区，零售商的经营活动都要受到相应政治法律环境的规范。各国都有相关法律对可经营商品、商标的使用、商品价格的制定、促销活动的开展等进行约束。各地的商业政策也影响着零售企业竞争和扩张战略的选择。

2021 年，国务院办公厅发布《国务院办公厅关于以新业态新模式引领新型消费加快发展的意见》，提出了"推动线上线下融合消费双向提速"以及"鼓励实体商业通过直播电子商务、社交营销开启'云逛街'等新模式"。2022 年，商务部印发了《智慧商店建设技术指南(试行)》，供企业参考借鉴。"十四五"规划明确提出"培育众包设计、智慧物流、新零售等新增长点"。图 6-5 概括了近些年中国零售相关政策的演变，中国零售企业应紧随国家政策导向，不断转型升级。

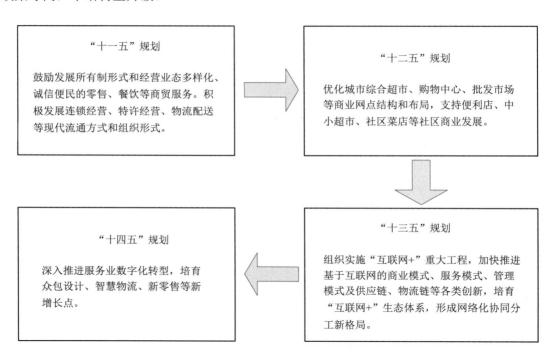

图 6-5   中国零售政策演变

(2) 经济环境。

经济环境主要包括利率、消费者收入水平和支出结构、通货膨胀率、税率、财政政策、货币政策、国民生产总值、汇率、进出口总量、关税等因素。对零售商影响较大的经济因素主要包括国民经济的发展状况和消费者的收支情况。以图 6-6 为例，全国居民恩格尔系数(食物支出金额/总支出金额)的逐步下降就体现了居民消费水平的提高和消费结构的改善。

(3) 社会文化环境。

社会文化环境涵盖了从人口总量、年龄结构、性别结构、家庭构成、教育水平等人口因素到宗教信仰、文化习俗、道德规范、审美观念等诸多因素。不同市场在社会文化环境方面的差别，以及同一市场社会文化环境的改变，对零售商而言机遇与挑战并存。

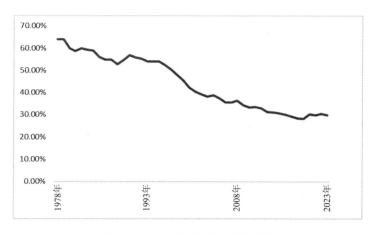

图 6-6　全国居民恩格尔系数变化

(4) 技术因素。

恰当的技术应用可以帮助零售企业打造特色或提高经营效率。高新技术不断涌现，零售商需要审慎考虑是否将最新的技术运用到经营中，明确引入新技术的成本和收益，评估各方接纳程度等风险因素，制定合理的技术升级计划。

【课堂训练】

(1) 研读《城市一刻钟便民生活圈建设指南》，分析这一政策给零售行业带来的影响。

(2) 查询门店智能机器人运用实例，分析这一技术的出现将对零售行业产生哪些影响。

2) 行业竞争环境分析

行业竞争环境包括竞争类型和竞争结构。

分析竞争类型(如表 6-1 所示)有助于界定竞争对手范围并了解所处竞争环境的基本特征。

表 6-1　竞 争 类 型

竞争类型	定　义
同质竞争	同一业态或相同经营风格零售商之间的直接竞争
异质竞争	销售同一类商品的不同零售业态之间的竞争
垂直竞争	零售商与供应商不同分销渠道间的竞争
系统竞争	零售商向供应链上游整合，取得对整个产品供应链系统的控制后，与其他同类生产商、零售商形成的供应链系统之间的整体竞争

竞争结构的分析一般采用波特五力模型(如图 6-7 所示)。按照这一模型，行业中存在着五种基本的竞争力量，即现有竞争者之间的抗衡、潜在进入者的威胁、替代品的威胁、供应商讨价还价的能力以及购买者讨价还价的能力。通常，某一种或两种力量会处于支配地位，其他力量则处于次要地位。五者的综合强度决定了行业的竞争程度和零售商最终的获利能力。不同时期或不同业态面临的竞争结构是不一样的。比如，咖啡行业最近就频频遭遇"跨界"竞争，很多原来和咖啡完全不沾边的品牌纷纷拥有了自己的咖啡店。

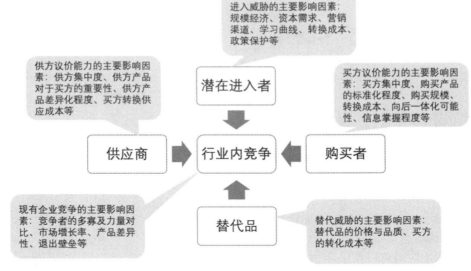

图 6-7 波特五力模型

3) 内部环境分析

同样的环境，由于控制的资源不同，对有些零售商来说是机会，对另一些就可能变成挑战。因此，要通过内部环境分析来考查零售商的现有资源，涉及实物资源、人力资源、财务资源和包括品牌、商誉、技术等在内的无形资源。以上资源的质量和数量、使用的有效程度、独特性和模仿难度都是内部环境分析的重点。外部环境的行业机会中和企业内部资源能够匹配的部分才是属于该企业的机会所在。

2. 战略选择

当零售商结合内外部环境明确了自身的市场定位后，就要考虑选取什么样的竞争战略来确立自身竞争地位了。显然，一家企业要在三个方面都有所作为是不可能的。图 6-8 中列出了三种竞争战略各自适用的市场环境。

成本领先战略	差异化战略	目标聚集战略
• 价格竞争在该市场范围内较为流行 • 该市场上消费者的消费模式及特征极为相似或商家提供的商品种类及服务极为相似，缺少使消费者可感知差异化特征的途径与方式 • 消费者价格敏感度极高或群体性议价能力强 • 潜在进入者倾向于以低价策略快速扩大市场占有率	• 较容易使消费者感知到差异化特征，并因此改变其购买行为习惯 • 有较多的方式构建差异化 • 消费者的消费模式及特征存在差别 • 许多竞争者未采用相似的策略或模式 • 部分消费者群体价格敏感度较低 • 行业内技术更新较快且能够显著影响企业运营效率	• 目标市场存在真空区域，一些消费需求未被满足 • 目标市场整体成长速度较快且利润可观 • 目标市场内的领导型企业忽视了某些空白市场 • 目标市场消费者差异明显，细分后不同群体间的关联性较弱

图 6-8 三大竞争战略适用市场比较

从业态上看，仓储式商店、折扣店和大型综合超市一般采取成本领先战略；百货商场、购物中心主要走差异化战略；便利店、专卖店大多属于目标聚集战略。从所需技能和资源看，成本领先战略对企业流程管理和成本控制的能力有较高要求；差异化战略需要较强的营销、创新能力；资源有限、实力不强的中小企业相对来说更适合先从目标聚集战略入手。

任务实训

1. 任务描述

(1) 从最新中国零售百强名单中自选企业或旗下品牌，确定其主要采用的竞争战略，分析企业选择该战略的原因和实现途径，并对此进行评价。

(2) 以小组为单位，整理和分析搜索资料，可制作 PPT、视频、公众号推文，并进行汇报。

2. 任务要求

(1) 实训采用"课外＋课内"的方式进行，资料的收集整理制作(PPT、视频、公众号推文)在课外完成，成果展示安排在课内。

(2) 每小组 PPT 成果展示时间为 10 分钟，教师点评 5 分钟。

3. 任务评价

任务评价信息如表 6-2 所示。

表 6-2 任务评价表

评分要素	评分点	权重	表现要求	得分
技能运用	信息收集	10	能够使用搜索引擎查找、收集信息和资料	
	竞争战略	20	能够结合企业所处环境分析其市场定位和竞争战略选择的合理性	
	资料整合	20	能够对收集到的信息进行整合，逻辑清晰，语言表述通俗易懂、简明扼要，数据翔实，图文并茂	
成果呈现	团队协作	15	团队成员能共同协作完成任务	
	表现力	15	思路表达清晰，陈述完整，关键问题表述正确	
	PPT、视频、公众号推文	20	美观，配色合理，排版整洁、清晰，风格统一，内容严谨、充实、饱满，表达清晰，主次分明	

6.2 零售扩张战略

知识目标

1. 了解零售扩张战略组合。
2. 掌握商圈的概念和影响商圈形成的因素。
3. 掌握商店选址的原则和评估因素。

技能目标

1. 能够用商圈划定方法确定商圈的范围。
2. 能够运用相关软件完成店铺选址。

素养目标

1. 通过引例，展现新零售背景下中国零售企业战略转型，加强学生的逻辑思维能力。
2. 通过实训任务，提升学生在零售数字化时代的商业数字素养。
3. 通过实训任务，深化学生的创新创业思维。

引例

生鲜超市的选址逻辑：开在冷清的购物中心？

不在核心商圈开店

作为"生鲜＋餐饮＋物流"新零售模式的代表，某生鲜超市品牌追求线上线下高度融合，以实现"门店＋手机 APP"的一站式购物，让消费者随时随地可以买到和吃到新鲜、适量的商品，受到不少消费者青睐。处在该品牌门店 3 千米配送覆盖范围内的房子被戏称为"盒区房"。不过，也不是谁都能享受"盒区房"的待遇。查询该生鲜超市入驻商圈地图发现，北京区域仅有极少数门店开在核心商圈内。截止到 2022 年 10 月 21 日，其官网显示，北京共有 40 家门店，包括十里堡店、东坝店、乐成店、顾家庄桥店、十里河居然店、亚运村店、林奥店、大郊亭店、望京万科店等等。这些门店逃离了国贸、王府井、大望路等核心商圈，都在比较冷清或偏远的商圈。不只是北京，其在武汉、西安、三亚、青岛、大连等地的门店也大都开在偏冷清的购物中心。

背后的选址逻辑

有人对该生鲜超市选址环境内不同收入层人群画像做了分析：100 米内，门店周边更集中这些兴趣点，比如影院、娱乐场所、咖啡厅、体育用品、购物中心，一是更偏爱年轻人消费的集中地，二是更偏爱高品质消费区；2 千米内，更集中这些兴趣点，比如汽车销售、银行、学校、医院、政府、小区，一是更注重功能齐全的城市区块，二是从写字楼集中区向小区集中区辐射，三是更偏爱年轻父母频繁出现的区域。

换句话说，比起喜欢市中心、人流量多的传统超市，该生鲜超市更喜欢综合考量周边 3 千米范围的人群数量、质量，物业特点和物流配合能力，而不是单纯看中位置和流量。

它的选址逻辑和传统超市的选址为什么差别这么大呢？

我们可以先了解下它的商业模式。作为新零售商业模式的开创者之一，其通过线下门店与线上 APP 相结合的经营模式提供线上线下一体化的生鲜、超市和餐饮服务。线上业务搭建用户体系和搜集大数据信息；线下增强体验和档次为线上服务背书。每一家门店部分是仓储，部分是零售，另一部分是餐饮。这意味着：

第一，它拥有 3 千米 30 分钟送达的考量标准，周边的活跃用户、社区密度与交通环境才是影响区位选址的核心因素，在 3～5 千米范围内，要覆盖更多的社区和写字楼；生鲜产品需要考虑高质供应链，还要在道路密度较大区域及主干道两侧。

第二，盈利是企业的最终目的，该超市开设线下门店的主要问题之一是成本居高不下，所以门店选址时要考虑租金成本、建设成本和配送成本，更要考虑与地产商或合作商的关系。早在 2018 年，该超市就与某连锁家居广场达成了战略合作协议。虽然在具体落实上，两者仍是一般租赁关系，租金是市场公允价格，并无特别优惠。但该超市确实凭借着对方的规模实现了全国范围内的快速扩张。此外，一些开业时间比较久的商业综合体或是老百货也迫切希望转型升级，有一些新的业态进来，比如本案例中的生鲜超市，帮助吸引客流。这就会让某些商场愿意给该超市提供高额的装修补贴或者租金优惠。

第三，竞争对手对门店选址影响较小。该超市在产品类型与目标客户等方面与大型超市有很大差异，传统大型超市的主要客户群体是城市上班族和家庭主妇，该生鲜超市则瞄准一、二线大城市的中、高消费水平的年轻群体，整体经营风格偏向都市化、精品化。

6.2.1 零售扩张战略组合

零售企业从最初的一家商店发展起来后，就面临着如何通过扩张来强化自身竞争优势的问题。

1. 扩张速度

在扩张之初，零售企业首先要规划的就是以怎样的速度去扩张，既不错失竞争先机又不会因盲目扩张导致败局。合理的扩张速度和企业自身的能力条件有着密切联系，企业的资金、人力、信息等资源决定了其能否支撑新店的经营。尤其是当店铺数量从十几家扩大到数十家甚至上百家时，整个组织结构还有信息系统都可能需要重构才能满足新的局面，这对企业的管理基础提出了极高要求。所以，零售商应该稳扎稳打，夯实核心竞争力，而不是追求表面的规模。诚然，并不是每次市场机会出现时企业都已经做好了万全的准备，有时为了把握住千载难逢的商机，适当的冒险或牺牲也是值得的。

【课堂讨论】

你认为零售企业发展应该先做大还是先做强？

2. 扩张路径

1）滚动发展战略

滚动发展战略是指零售商自己投资建设新门店，逐步自我积累，滚动式发展壮大。由于新门店一开始就按企业统一标准运行，因此这种扩张路径有利于企业的一体化管理，原先的经营理念和模式也能得到充分的检验和修正。但这种战略前期投入较大，且零售商和新区域的消费者之间互相需要一段时间来了解及磨合。

2）收购兼并战略

收购兼并战略是指采用资本运营的方式，将现有的零售企业收购、兼并过来，再进行整合，使兼并企业能与母体企业融为一体。这种扩张路径比滚动发展更易进入并占领新市场。收购或兼并过来的企业已经熟悉本地市场，双方因此可以共享资源、扩大顾客基础、增强讨价还价的实力。2019年，某新兴便利店品牌一次性收购了广州区域另一老牌便利店60多家门店，就是看中对方丰富的供应链、核心地段的店址、长期的顾客关系和对当地消费需求偏好比较全面的了解，希望以此大幅减少在广州区域开发门店的时间成本和资源投入。不过，兼并过来的企业有着不同于母体企业的组织结构、管理制度、企业文化等，不利于管理协调，需要对其按母体企业的标准进行改造，同样需要一定的成本和时间。

3. 地理扩张

1）区域性集中布局战略

这是指集中资源在一个区域内密集开店，试图通过规模效应形成压倒性优势，在完成某一区域的布点后再转战别的区域。此种布局有利于通过规模效应提升品牌区域知名度，降低平摊到单店的广告费用，提高管理和配送效率，比较适合消费者相对分散且区域性竞争不明显的便利店、茶饮店等。如图6-9所示，某便利店品牌在开拓全国市场前就先花了五年时间深耕东莞市场，又用了十多年立足广东市场。2022年，凭借全国30 008间门店，该品牌在中国连锁经营协会发布的"中国便利店TOP100榜单"中跃居首位。

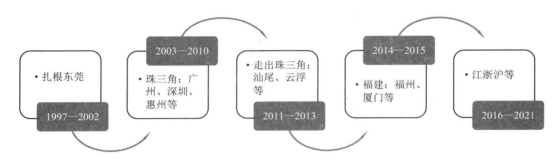

图 6-9　广东某便利店扩张进程

2) 物流配送辐射范围内推进战略

顾名思义，这是指以配送中心的辐射范围为半径向外扩张，因此需要先确定物流配送中心的位置，再考虑门店布点。这种方式有利于合理规划路线，统一采购，集中配送，提高送货效率。某种程度上这个战略和前述集中布局战略类似，也是一种圈地模式，但本战略更注重配送中心的服务能力。配送中心的辐射范围一般以配送车辆每小时 60～80 千米的速度，在一个工作日(12 小时/24 小时)内可以往返配送中心的距离来测算。这种布局战略比较适合要求商品配送快捷高效的标准超市等业态。

3) 弱竞争市场先布局战略

本战略是指将店铺优先开在竞争程度相对较低的地区，从而避开强大的竞争对手，在对手网点相对不足的地区站稳脚跟。比如某茶饮品牌在起步时就避开了诸多高端茶饮品牌主攻的一、二线城市中心商业区，选择在三、四线城市密集开店。2022 年又开放了乡镇门店加盟，强化在下沉市场的优势。现在，该茶饮品牌已经成功扩展到老挝、新加坡、马来西亚、菲律宾等国家。对于中小型连锁零售商来说，一线城市经营成本非常高，竞争激烈，利润空间有限，而随着基层消费水平的提升和消费观念的改变，下沉市场潜力巨大。但这种发展模式常涉及较大地区跨度，对零售商的物流配送能力和市场适应能力有较高要求。

4) 跳跃式布局战略

这是指零售商在主要的大城市或值得进入的地区分别开设店铺，核心是为未来占领某个大区域市场布局网络建设，在战略性位置上先入为主，抑制竞争对手的进入。采用这种布局方式，零售商可以尽早锁定主要市场理想地点，使扩张活动变得更为主动，同时还可适当分散地理上的风险。某全国性连锁家电零售企业前期的布局战略就是在北京起家，接着进入到其余三大直辖市，随后拓展到几大省会城市，最终成功拿下全国市场。

4. 多元化扩张战略

当在原先领域发展平稳甚至趋于饱和时，或为了进一步寻求突破，或秉持"不把鸡蛋放在一个篮子里"的投资理念，有些零售商会选择向其他领域进军，实现多元化的发展。

零售商多元化的一种模式是利用原有经验、专长在相关领域拓展业务范围。比如，某科技公司的零售活动从手机业务逐渐拓展到智能家居业务。再比如，某母婴品牌从童车起步，后续扩展到儿童耐用品，再发展成今天知名的母婴用品零售平台。选择向供应链上游扩张的也不在少数，比如服饰品牌自建工厂，超市自建农场等。

零售商多元化的另一种模式则是去到与原有业务完全不相关的领域。比如某一直在体育用品行业深耕的品牌在 2022 年注册了咖啡商标，在其体育用品门店内卖起了咖啡。这样的多元化意味着企业不能运用现有的优势资源，需要重新摸索行业情况、开发市场，风险较大。因此，相较于直接"跨界"到全新领域，加入商业生态圈成为不少企业间接实现"跨界"发展的新方案。

5. 国际化扩张战略

在本国市场的扩张基本达到饱和时，零售商的另一选择是向海外市场扩张，走国际化路线。此处讨论的国际化扩张主要指店铺国际化，包括全球化和多国化两种模式。当然，仅在商品供应或资本方面涉及海外其实也是国际化的可选模式。在"一带一路"倡议和"走出去"战略指引下，越来越多的中国零售企业开始了国际化扩张，充分参与全球竞争。比如某中国汽车品牌，聚焦"一带一路"沿线市场，其海外团队仅用 3 年时间，就在欧洲、中东、东南亚三大区域实现了渠道从无到有、从点到面的突破(如图 6-10 所示)。

图 6-10　某国产汽车品牌沙特旗舰店

1) 全球化战略

全球化战略是指将母公司成功的经营模式直接复制到其他国家的分公司，为全球顾客提供标准化的产品和服务。采用这一战略的企业，决策权高度集中，所有门店严格按照总部的统一规程运营，分支机构的独立决策权非常小。

该战略下，由于可以重复使用一个已经被验证有效的模式，企业可以达成快速扩张，实现规模效应。同时，这一战略的全球协作程度较高，意味着企业能够有效利用不同国家和地区资源上的差异性进行合理的资源配置，减少重复投资，进一步降低成本。

尽管标准化的产品和服务促使不同国家和地区顾客的需求趋向一致，但消费习惯和文化背景上的差异始终存在。诸多采用全球化战略的知名海外零售商在进入中国市场后都曾遭遇"水土不服"，有的最终被迫退出中国市场，有的被中国零售商收购，也有的在多年挣扎后选择推出针对中国市场的全新本土化品牌定位。因此，全球化战略最大的风险在于，各门店的市场适应能力较差，在遇到当地市场变化时可能无法及时灵活应对。

2) 多国化战略

采取多国化战略的零售商会在保持基本经营理念不变的基础上，积极根据所在国市场情况调整当地经营模式，以求适应每个国家或地区市场上的不同要求。此类零售商一般采用分权管理，即主要的战略决策由母公司做出，而商店经营的组合策略，如产品、供应商、广告媒体的选择等，则由各分公司管理层自行决定，有相当大的自主权。

经营模式上的差异虽然在一定程度上限制了零售商规模经济的获益，但能较灵活地适应各地市场的变化，有机会获得更多的市场机会。同时，也便于从各国市场学习到不同的经验，有利于培养国际化零售管理人才。

6.2.2 商圈调查与分析

1. 商圈的概念及构成

商圈，也称零售交易区域，是指以零售商所在地为中心，沿着一定的方向和距离扩展，吸引顾客的辐射范围。简言之，商圈就是零售商吸引其顾客的地理区域，也就是来店购买商品的顾客所在的地理范围。零售商店的商圈一般由三部分构成(如图 6-11 所示)。

(1) 主要商圈，最接近商店并拥有高密度顾客群的区域，通常商店 55%～70%的顾客来自主要商圈。

(2) 次要商圈，位于主要商圈之外，顾客密度较稀的区域，包括商店 15%～25%的顾客。

(3) 边际商圈，位于次要商圈以外的区域，在此商圈内顾客分布最稀，商店吸引力较弱。

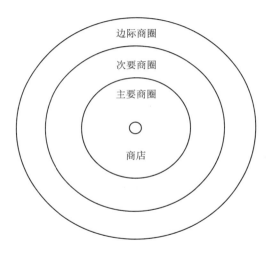

图 6-11　商圈形状示意图

值得注意的是，实际商圈一般表现为各种不规则的多角形，图示的同心圆形仅为便于研究和说明。此外，商店内外部环境因素的变化会导致商店商圈范围及形状的变化，且规模较小的商店几乎没有边际商圈。

2. 影响商圈形成的主要因素

1) 商店规模

通常，商店规模越大，可以为顾客提供的商品和服务越齐全，吸引顾客的范围也就越广。所以较大的商店规模有利于商店扩大商圈，但受其他因素影响，商店的规模与其商圈的范围并不一定成比例增长。

2) 经营商品的种类

顾客一般就近购买日常生活所需的食品和日用品，因而以经营此类商品为主的商店一般商圈较小，只限于附近的几个街区。而一些技术性强、选择性强的商品，顾客往往愿意在购买前花很多精力比较，因而这类店铺的商圈范围相对较大。

3) 商店经营水平及信誉

经营水平高、信誉好的商店能吸引许多顾客慕名而来,因而可以扩大自己的商圈。

4) 促销策略

广告宣传、推销方法、服务方式、公共关系等各种促销手段都有可能吸引到较远的顾客,扩大商店边际商圈的范围。

5) 家庭与人口因素

商店所处外部环境的人口密度、收入水平、职业构成、性别、年龄结构、家庭构成、生活习惯、消费水平以及流动人口数量与构成等,对于商店商圈的形成具有决定性意义。

6) 竞争对手的位置

若两家竞争的商店相距有一段路程,而潜在顾客又居于其间,则两家商店的商圈都会缩小;相反,若同业商店相邻而设,顾客被更多的选择机会吸引前来,则商圈可能因竞争而扩大。

7) 交通状况

便利的交通条件会扩大商圈范围,反之则会缩小商圈范围。比如,在私家车和网购兴起之前,部分零售门店提供的免费购物班车就有效延伸了商圈的辐射范围。现在各地打造都市圈,大力发展城际交通,对一些大型商店的商圈格局也会带来一定影响。

3. 商圈划定方法

1) 调查法

对现有顾客或潜在顾客都可以通过实地调查、问卷调查、电话询问、服务登记、意见征询等方式了解其住址、所购商品等信息。结合地图,便可基本标注出商店的主要商圈、次要商圈和边际商圈。如果缺乏资料,也可采用下面两种方法初步划定商圈。

2) 雷利法则

雷利法则也称零售吸引力法则,基本内容是:具有零售中心地机能的两个城镇对位于两者中间的某地的零售交易吸引力与两城镇的人口成正比,与两城镇距离的平方成反比。

雷利法则用公式可表达为:

$$\frac{X\ 地吸引\ A\ 地零售额}{Y\ 地吸引\ A\ 地零售额}=\frac{X\ 地人口}{Y\ 地人口}\times\left(\frac{Y\ 距\ A\ 地距离}{X\ 距\ A\ 地距离}\right)^2$$

由此可以引申出,两个城镇之间存在一个中介点,顾客如在此中介点则可能前往任何一个城镇消费。即两城镇商店对在此中介点居民的吸引力完全相同。当然,这并不代表中介点以外地区的消费者不会去另一边购物。此外,这一法则成立的前提是两地同样接近主要公路且两地零售商经营能力相同。此时,中介点到两城镇商店的距离即两商店吸引顾客的地理区域。变形后公式如下:

$$D_{XY}=\frac{d}{1+\sqrt{\dfrac{P_Y}{P_X}}}$$

- D_{XY}：X 城镇商圈的限度；
- d：城镇 X 到 Y 的里程距离；
- P_X：X 城镇人口；
- P_Y：Y 城镇人口。

假设现有各自独立的 A、B、C、D 四个城镇，A 到 B、C、D 的距离和各城镇人口数如图 6-12 所示。我们就可以用上面的公式算出 A 往 B、C、D 方向吸引力的中介点，将这些中介点连线就得到了 A 城镇商店大致的商圈范围。

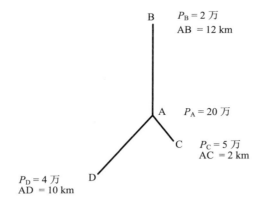

图 6-12　雷利法则练习

雷利法则既可用于不同城市商业区之间的定量分析，也可以用于同一城市内不同商业区之间的定量分析，计算简便，在资料不全时尤为适用。但它的使用也有一定的局限性。雷利法则只考虑到两地商店的里程距离，而未考虑实际需要花费的行程距离，如果道路拥挤或设施不全、行走困难，即使里程距离较近，也会使顾客产生遥远的感觉。且该法则只适用于出售日常用品的商店，对出售挑选性强的高档消费品的商店并不适用。此外，广告的影响、顾客对某特定商店的忠诚等都会减弱雷利法则的有效性。

3）赫夫法则

赫夫法则下的商圈分析关注不同商业区或商店的经营面积、顾客从住所到该商业区或商店所花的时间及不同类型顾客对路途时间不同的重视程度三个方面。提出者赫夫认为，一个商业区或商店的商圈大小取决于它对顾客的相关吸引力，而这又取决于其规模和与顾客的距离。一般而言，大商店较小商店更有吸引力，近距离商店较远距离商店更有吸引力。具体运用中，商店的规模常用营业面积计算，距离可以是时间距离或空间距离。

赫夫法则的公式为：

$$P_{ij} = \frac{\dfrac{S_j}{T_{ij}^{\lambda}}}{\sum \dfrac{S_j}{T_{ij}^{\lambda}}}$$

- P_{ij}：i 地区的消费者到 j 商业区或商店购物的概率；
- S_j：j 商店的规模(营业面积)或 j 商业区内某类商品总营业面积；

- T_{ij}：i 地区消费者到 j 商店的时间距离或空间距离；
- λ：通过实际调研或运用计算机程序计算的消费者对时间距离或空间距离敏感性的参数。

假如一个消费者有机会在同一区域内三个超市中的任意一个购物，已知距离和规模，设 $\lambda=1$，则该消费者到每个超市的概率计算如表 6-3 所示。计算出到店概率后，还可乘以该地区消费人口数和平均购物金额，用于预测销售金额。

表 6-3　赫夫法则练习

商店	① 时间距离/分钟	② 规模/平方米	③ 吸引力 (②/①)	④ 到店概率 (③/⑤)
A	40	50 000	1250	0.333
B	60	70 000	1166.67	0.311
C	30	40 000	1333.33	0.356
总计			3750(⑤)	100%

4. 商圈分析要点

1) 人口统计变量

商圈内人口的规模以及特征，主要包括人口总量、人口增长率、密度、收入情况、性别、年龄、学历、职业等分布情况。这类数据大部分可通过政府的人口普查或统计公报获得。但使用时需要注意统计的时间、范围和计算方式。比如，人口普查每十年一次，对于一般的商圈分析而言缺乏时效性。同时，较小区域的情况一般在区(县)的统计公报中才有所体现。除此以外，还可以通过一些调研公司收集相关信息或直接进行实地调查。

2) 经济基础和购买力

经济基础反映了一个区域的产业结构以及居民的收入来源，影响着商圈内住户的购买力。多元化的经济结构相对稳定，而过分依赖某一产业的单一经济易受到经济周期和需求变动的冲击。不同商圈购买力指数的比较可以为发现潜在市场提供依据。购买力指数的计算公式如下：

$$购买力指数 = A \times 50\% + B \times 30\% + C \times 20\%$$

- A：商圈内可支配收入总和；
- B：商圈内零售总额；
- C：具有购买力的人口数量。

3) 竞争状况分析

商圈内住户的潜在购买力会被现有的竞争对手分摊。除了分析商圈整体的经济状况，商圈内竞争的激烈程度也不能忽视。商圈饱和指数是判断某地区商业竞争激烈程度的重要指标，本质上反映了单位商业面积的平均产出。饱和度指数较高时，意味着该地区相对其他地区商店不足，难以满足所有消费者的需求，通常开店成功可能性大。商圈饱和指数的计算公式如下：

$$商圈饱和指数 = \frac{C \times \mathrm{RE}}{\mathrm{RF}}$$

- C：某地区购买某类商品的潜在顾客人数；
- RE：某地区每一顾客的平均购买额；
- RF：某地区经营同类商品的商店营业总面积。

4）基础设施状况分析

道路、通信系统等基础设施是商店正常运作的保障。随着越来越多消费者选择私家车出行，配套大型停车场的重要性凸显，停车难已成为制约老商圈发展的一大问题。

6.2.3　店址选择

对商圈的分析可以帮助确定某个区域是否有开店的价值，接下来要做的就是在选定的区域内确定具体的开店位置。俗话说"一步差三市"，选址的重要性不言而喻。许多成功的连锁品牌都有着自己一套独特的选址方法。假如自身店铺和这些人流密集的知名连锁品牌有着相同或相近的目标客群，又没有正面竞争，跟着选址开店不失为一种捷径。但更多时候还是需要商家结合自身实际深入分析选址，切忌盲目跟风。

1. 选址的原则

1）方便消费者购买

商店一般应选址在交通便利的地点，尤其是以食品和日用品为经营内容的普通超市应选择在居民区内设点，以附近稳定的居民或上下班的职工为目标顾客，满足消费者就近购买的要求，且地理位置要方便消费者的进出。

2）方便货品运送

及时的采购和补货对保证经营的正常进行非常重要。所以选址既要满足统一配送的合理安排，又要方便与相邻连锁店互相调剂、平衡，节约运输成本。

3）有利于竞争

竞争对手的情况也是选址必须考虑的一项内容。店铺的设置应充分考虑自身的特色与优势，选择能强化这项优势的位置。比如，便利店，一般需要靠近居民区，尽量避开和大中型零售商的正面竞争；而大型商超往往设置在区域性的商业中心以吸引更多人流。不同于传统便利店，即时零售便利店一般主要承担线上购物前置仓的功能，就不必选择高价的临街旺铺，但要确保附近骑手充足。

4）有利于网点扩充

选址的好坏对于企业的影响不仅仅在当下这一家门店，甚至会影响到未来网点的扩充，所以还要从长远的角度去考虑。比如，相隔太近的商铺，难免会造成内部竞争，影响企业整体发挥。选址时一般要避免在同一区域重复建设或商圈重叠。不过，也有一些商家反其道而行之，试图采用饱和开店的方法强化品牌存在感。比如某长沙茶饮品牌在当地核心商圈五一广场区域甚至有"十步一XX"的说法。

2. 选址的类型

零售商在选择具体位置之前要先决定新店应开设在什么样的环境中，即确定位置类型。

不同的位置类型各有利弊,关键在于找到最适合新店特点的。

1) 孤立店

孤立店是指独立开店,不与其他竞争对手比邻。这类位置的主要优势就是没有竞争对手,同时,往往租金和开店费用较低,在店址选择和扩大规模上更具潜力和灵活性。大型综合超市和仓储式商店等业态因为店铺规模大且能满足顾客一站式消费的需求,所以较易吸引远处顾客,如能同时满足交通便利与大型停车场配套,选择这样的位置类型可以保持较高的可见度。孤立店的劣势也非常明显,就是依赖于规模。小型的孤立店铺对顾客缺乏吸引力,同时还面临着广告费用高以及可能需要新建建筑等问题。

2) 自然形成的商业区

自然形成的商业区是指未经规划自然发展起来的商业区。可以分为中心商业区、次级商业区、邻里商业区和商业街四类。中心商业区是一座城市商业网点最密集的购物区,因交通便利、设施齐全、人流量大成为百货商店或专卖店的首选,但费用一般较高,新建店址难以寻找。次级商业区是分散在一座城市的多个繁华程度较低的购物区,一般面向城市某一区域的消费者。交通较便利,店址相对好找,但供应商品和服务往往不均衡,难以吸引较远顾客。邻里商业区是为了满足住宅区居民需求自发形成的小型商业区,竞争度低,接近顾客,易于保持良好顾客关系,但商圈小。商业街由若干经营类似商品商店聚集形成,能带来聚集效应,但竞争程度高,普通店铺能见度低。

3) 经规划的购物中心

经规划的购物中心是指经过详尽规划设计并集中管理的商店群。通常由房地产公司事先规划设计,兴建完工后再把各铺面出租或出售给零售商。一个典型的购物中心有一家或以上的主力零售店及各类较小的零售店,还包括餐馆、游乐场所等,适合家庭购物及休闲。协调的规划、合理的商品组合、完善的设施以及较大的商圈是其主要优势。但购物中心通常租金较贵,经营管理上也会受到一定限制,竞争较激烈。

3. 选址分析要点

1) 客流规律

商店客流的分析要同时考虑到潜在的固定顾客和流动顾客。潜在固定顾客重点分析周边人口情况与购买力水平,流动顾客重点分析年龄结构和停留时间、高峰时段、来店目的等流动规律。根据来店目的,可以将客流分为三类:

(1) 本身客流。

本身客流指专程来店购物顾客形成的客流,是大多数商店,尤其是大中型商店客流的基础及经营是否成功的关键因素。因此,店铺选址应优先分析本身客流的规模和发展趋势。

(2) 分享客流。

分享客流指从邻近商店形成的客流中获得的客流,一般形成于经营同类商品及互补商品的店铺之间,或大型商店与小型商店之间。

(3) 派生客流。

派生客流指顺路进店的顾客形成的客流。这部分顾客并不是专程到这家店购买相关产品的,而是为了其他目的,如到交通枢纽候车、候机,或到旅游景点游玩等。所以交通枢纽、旅游景点等地区的派生客流规模会比较大,但往往滞留时间较短。针对这类客流,只有进行特殊宣传，才能吸引他们的目光。

2）周边商店聚集状况

周边商店的聚集可以分为四种情况，如图 6-13 所示。

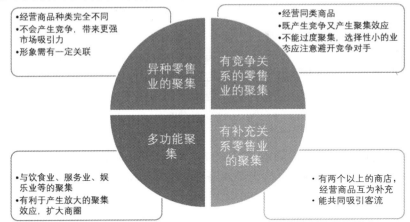

- 经营商品种类完全不同
- 不会产生竞争，带来更强市场吸引力
- 形象需有一定关联

异种零售业的聚集

有竞争关系的零售业的聚集
- 经营同类商品
- 既产生竞争又产生聚集效应
- 不能过度聚集，选择性小的业态应注意避开竞争对手

多功能聚集
- 与饮食业、服务业、娱乐业等的聚集
- 有利于产生放大的聚集效应，扩大商圈

有补充关系零售业的聚集
- 有两个以上的商店，经营商品互为补充
- 能共同吸引客流

图 6-13　周边商店聚集类型

3）竞争对手分析

直接和间接的竞争对手都要纳入分析，内容主要包括：与所开设新店的距离，以及在地理位置上的优劣势；销售规模与目标定位、目标顾客层次特点；商品结构和经营特色；实力和管理水平。

4）交通地理条件

便利的交通和优越的地理环境也是选址的重要考量。通常新店应设置在公交车站、地铁出口附近，尤其是两面或三面临街的路口，人流量大且能见度高。

5）城市发展规划

选址时的眼光要长远，多了解该地区未来发展情况，重点考察是否与当地城市规划相符合。比如周围人口的动迁可能导致原本热闹的地段变成冷僻之地，新建地铁可能让原本偏僻的地点变成交通便利的优质地段。

6）周围环境

零售店铺无法独立于周围环境而存在。周围环境的好坏，比如治安、卫生、**繁荣程度**等都会影响到顾客是否愿意来店。

7）物业

物业的基本状况要和零售商的设计思路相吻合，包括面积、形状以及租赁或购买成本等。

【课堂训练】

查找资料，分析比较指定品牌的选址策略。

6.2.4　店址评估

初步确定可选店址后，还要评估新店未来损益情况才能判断新店是否值得经营。毕竟，黄金地段的店铺不一定会带来黄金效益，即使能获得较好的销售额也可能倒在高额的租金或其他成本费用面前。店址评估一般通过营业潜力、投资与费用、损益平衡点等指标的测算来完成，侧重开店的前六个月。开业半年后，商店的经营效益基本可以稳定下来，可以判断选址成功与否。未来销售利润率、资产利润率、资金周转率等指标也可以酌情纳入评估体系。

1. 营业潜力

新店的营业潜力可通过预测营业额来确定。通常来说，如市场上已有此类业务开展，可根据过去在类似环境中的经验或同行业的一般水平进行估算；如市场上暂无此类业务开展，可根据相似业务的营业情况结合自身特点类推；潜在顾客比较明确的前提下，也可直接对潜在客户进行调查统计分析。

下面介绍如何根据已知的商圈内居民户数、离店远近、月商品购买支出及新商品在该区域内的市场占有率来估算营业额。假设某新开商店的商圈有三个层次，各层次对应居民户数和市场占有率如表 6-4 所示，且平均每户居民每月去此类商店购买相关产品 400 元，则计算可得新店营业潜力约为 26 万元。

表 6-4　新店营业潜力练习

商圈	① 居民户数	② 支出总额/万元 (① × 400)	③ 市场占有率	④ 购买力/万元 (② × ③)
主要商圈	1000	40	30%	12
次要商圈	2000	80	10%	8
边际商圈	3000	12	5%	6
新店营业潜力/万元				26

2. 投资与费用

要评估新店未来的损益情况，确认是否值得经营，除了新店的营业额，还必须对开店前期的投资和开店后的经营费用进行预估。开店前期投资主要包括物业的租金或建筑费用、各项铺面装修工程费用、营业所需相关设备购买费用。开店后的经营费用可分为固定费用和变动费用两类。固定费用是指与销售额的变动没有直接关系的费用支出，如工资、福利费、折旧费、水电费、管理费等；变动费用是指随商品销售额变化而变化的费用，如运杂费、保管费、包装费、商品损耗、借款利息、保险费、营业税等。

3. 损益平衡点

损益平衡点是指店铺收益等于总成本时的营业额。以此为参考，如果新店预期营业额超过对应平衡点就意味着能有盈余；反之，预期营业额低于平衡点则意味着会出现亏损，不适合投资经营。损益平衡点的基本计算公式如下，需根据对于新店的收支预期代入相关数据。

$$毛利率 = \frac{销售额 - 销售成本}{销售额} \times 100\%$$

$$损益平衡点营业额 = \frac{固定费用}{毛利率}$$

如果预期营业额只是稍稍超出损益平衡点，虽然单从数值上看是盈余状态，但实际很难实现店铺的可持续发展。因此，我们需要加入经营安全率这一指标来更好地衡量未来店铺经营状况。一般安全率在30%以上的才是优秀店，安全率低于10%的属于不良店。经营安全率的计算公式如下：

$$经营安全率 = \left(1 - \frac{损益平衡点营业额}{预期营业额}\right) \times 100\%$$

6.2.5 选址分析报告

1. 选址分析报告的价值

1) 总结本次选址，让沟通更高效

一家新店的选址从最初调研到最后通过审核，往往涉及大量信息和多个部门，规范化的选址分析报告有助于选址人员梳理信息并将重点快速传达给审核人员。

2) 为新店经营活动做参考

一方面，选址分析报告一般都会包括一些对于新店的经营策略建议。另一方面，报告中关于当地居民消费特征的信息也至少在短期内对新店日后的选品、促销等经营活动有很大的参考价值。

3) 为下一次选址做参考

从零开始完成一次详尽的选址成本不低，要锁定符合战略规划的城市、评估该城市的商圈、评估具体的店址，其中收集到的信息如果仅用于一家店的选址未免太浪费。如果把相关资料都积累下来，则既可以直接供后续选址参考使用，也有助于不断总结经验，改进选址工作。

2. 选址分析报告的框架

选址分析报告按顺序一般应包括如下内容：

(1) 新店具体位置及周围地理特征表述(附图说明)；

(2) 新店开业后预计能辐射的商圈范围；

(3) 新店交通条件评估及物业特征；

(4) 新店商圈内商业环境评估和竞争店分析；

(5) 新店商圈内居民及流动人口特征、收入和消费结构分析；

(6) 新店的市场定位和经营特色及经营策略建议；

(7) 新店的经营风险和效益预估；

(8) 新店未来前景分析。

3. 大数据选址

GIS(Geographic Information System，地理信息系统)技术和电子地图的出现有效降低了选址的复杂程度。图 6-14 所示是两款基于上述技术的选址软件界面。使用这类软件只要给出想要的地理范围，经营行业以及经营细节，基本就能得到选址方案和详尽的选址报告。好处

是非常方便，解决了到处去找数据的烦恼，而且成熟的软件往往能提供零售商自己无法获取到的重要数据和数据模型。当然，随之而来的收费不可避免。但考虑到节省的人力和成功选址的潜在收益，未尝不值得一试。

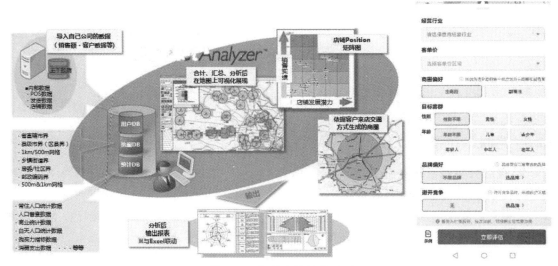

图 6-14　部分选址软件界面

如果想要实现免费的大数据选址，则可以考虑在日常的地图应用上收集数据。以某电子地图为例(如图 6-15 所示)，其手机版就推出了实时人流的热力图。在图层中打开热力图，再搜索相关区域，红色部分就是当前时段人流最集中的区域。根据店铺特点，选择合适的时间段观测人流，可以用来确定商圈范围。在某一商圈内具体的选址，包括竞争情况的分析，则可以借助周边功能查看。有意向位置后，打开图层中的全景地图可以进一步查看该地址街景及周边环境。

图 6-15　电子地图选址

不过，不管是免费的电子地图还是付费的选址软件，它们给出的信息都只能用于参考，不可完全依赖。运用大数据技术选址后的实地考察依然是不能省略的。一是因为软件提供的原始数据其准确性和时效性很难保证。二是因为地图上的精确度始终有限，几十米的细小点位差距或周边环境的细节很难识别到，但对选址来说就可能会引发致命的错误。

任 务 实 训

1. 任务描述

(1) 自选零售品牌，为其新店完成一份学校所在城市的选址分析报告。

(2) 以小组为单位，整理和分析搜索资料，制作 PPT，并进行汇报。

2. 任务要求

(1) 实训采用"课外+课内"的方式进行，资料的收集整理和制作 PPT 在课外完成，成果展示安排在课内。

(2) 每小组 PPT 成果展示时间为 10 分钟，教师点评 5 分钟。

3. 任务评价

任务评价信息如表 6-5 所示。

表 6-5 任 务 评 价 表

评分要素	评分点	权重	表 现 要 求	得分
技能运用	信息收集	10	能够使用搜索引擎及电子地图软件查找并收集信息资料	
	选址评估	20	能够结合选址原则，充分考虑各项选址因素，利用数据平台和电子地图完成选址	
	资料整合	20	能够对收集到的信息进行整合，逻辑清晰，语言表述通俗易懂、简明扼要，数据翔实，图文并茂	
成果呈现	团队协作	15	团队成员能共同协作完成任务	
	表现力	15	思路表达清晰，陈述完整，关键问题表述正确	
	PPT	20	美观，配色合理，排版整洁、清晰，风格统一，内容严谨、充实、饱满，表达清晰、主次分明	

模块知识掌握测试

1. 判断题

(1) 垂直竞争是零售商向供应链上游整合而产生的与生产商之间的竞争。 （　　）

(2) 实行成本领先战略，就是降低产品价格。 （　　）

(3) 多国化战略的零售商一般都会采取权力高度集中的做法。 （　　）

(4) 现实中的商圈一般呈现同心圆形。 （　　）

(5) 派生客流是指从邻近其他商店形成客流中获得的客流。 （　　）

(6) 损益平衡点是指店铺收益与支出相等时的营业额。 （　　）

(7) 采用先进技术就能获得竞争优势。 （　　）

(8) 滚动发展战略前期不需要投入较多资金。 （　　）

(9) 消费场景可以作为市场细分的变数。 （　　）

(10) 商店选址分析报告应包括新店的经营风险和效益预估。 （　　）

2. 单选题

(1) 销售同一类商品的不同零售业态之间的竞争属于(　　)。

A. 垂直竞争

B. 异质竞争

C. 同质竞争

D. 系统竞争

(2) 以下关于差异化服务战略说法正确的是(　　)。

A. 服务没有主次之分

B. 服务不存在标准模式

C. 服务不可能转变为竞争劣势

D. 采用此战略的商家需拥有十分周全的服务

(3) 蕴含在零售商自有品牌和企业形象中的信誉是企业的(　　)。

A. 实物资源

B. 无形资源

C. 人力资源

D. 财务资源

(4) 属于内部资源分析内容的是(　　)。

A. 替代品的威胁

B. 供应商讨价还价的能力

C. 竞争对手之间的抗衡

D. 与供应商的关系

(5) 目标聚集战略中目标市场的选择标准不包括(　　)。

A. 可测量性

B. 可接近性

C. 易重复性

D. 易反应性

(6) 通常商店(　　)的顾客来自主要商圈。

A. 10%～20%

B. 35%～40%

C. 55%～70%

D. 75%～90%

(7) 一个商店对顾客的相关吸引力取决于商店的规模和距离是(　　)的观点。

A. 赫夫法则

B. 雷利法则

C. 实验法则

D. 波特法则

(8) 下列属于多元化竞争好处的是(　　)。

A. 减少投资不确定性

B. 提高管理效率

C. 分散投资风险

D. 取得规模效益

(9) 零售轮转理论揭示的零售业发展规律和以下哪个竞争战略有关?(　　)

A. 差异化战略

B. 成本领先战略

C. 目标聚集战略

D. 市场细分战略

(10) (　　)战略优先将店铺开设在竞争程度较低的地区。

A. 物流配送辐射范围内的推进

B. 弱竞争市场先布局

C. 区域性集中布局

D. 跳跃式布局

3. 多选题

(1) 以下措施中,可以助力企业取得成本领先优势的有(　　)。

A. 运营程序标准化

B. 利用二手店址

C. 经营产品多样化

D. 加入合作采购

(2) 雷利法则的局限性体现在(　　)。

A. 未考虑里程距离

B. 未考虑需要花费的行程距离

C. 只适用于出售日常用品的商店

D. 只适用于同一城市内不同商业区之间

(3) 企业的核心竞争力具有如下特征(　　)。

A. 价值优越性

B. 异质性

C. 不可模仿性

D. 不可交易性

E. 难于替代性

(4) 区域性集中布局战略的优势有( )。

A. 可以降低广告费用

B. 可以分散地理上的风险

C. 可以提高商品配送效益

D. 可以避开强大竞争对手

E. 可以提高管理效率

(5) 计算商圈饱和度指标需要知道( )。

A. 某地区可支配收入总和

B. 某地区经营同类商品的商店营业总面积

C. 某地区每一顾客的平均购买额

D. 某地区购买某类商品的潜在顾客人数

参 考 文 献

[1] 中国商业联合会，中华全国商业信息中心. 2021 年度中国商业零售百强名单发布[EB/OL](2022-08-23).https://www.cncic.org/?p=4198.

[2] 李皎洁. 零售新视角（三）| 追溯之古代零售[EB/OL] [2022-03-10]. https://mp.weixin.qq.com /s/XKrY9osPR32zYasqD7t9Mw.

[3] 销售与市场.中国零售业：40 多年的 4 个关键点[EB/OL] [2021-11-25]. https://mp.weixin.qq.com/s/XSyTmlTx1Xg7p8wyCw1yCQ.

[4] 联商网，牧之. 天虹商业产品线解析及已开购百项目盘点[EB/OL] [2021-08-20]. http://www.linkshop.com/news/2021473161.shtml.

[5] 黄彪虎. 市场营销原理与操作[M]. 北京：北京交通大学出版社，2016.

[6] 杨群祥. 市场营销概论[M]. 北京：高等教育出版社，2015.

[7] 张卫林，庄新美子.新零售实务[M]. 北京：人民邮电出版社，2021.

[8] 许应楠. 认识新零售[M]. 北京：人民邮电出版社，2022.

[9] 任保平，杜宇翔. 数字经济助推消费结构优化升级[N]. 经济参考报，2022-8-23(07).

[10] 管玉梅. 零售学[M]. 北京：机械工业出版社，2022.

[11] 王先庆. 新物流(新零售时代的供应链变革与机遇)[M]. 北京：中国经济出版社,2019.

[12] 杨海愿. 零售供应链：数字化时代的实践[M]. 北京：机械工业出版社,2021.

[13] 唐海滨. 供应链：零售物流的价值[M]. 北京：电子工业出版社,2021.

[14] 2022 年度中国零售业供应链优秀案例集[R]. 中国连锁经营协会,2022.

[15] 2022 年中国供应链数字化升级行业研究报告[R]. 艾瑞咨询,2022.

[16] 零售新变革下的数字化供应链[R]. 贝恩公司，2018.

[17] 2021 年制造企业供应链发展调研报告[R]. 中国机械工程学会物流工程分会,上海天睿物流咨询有限公司,《物流技术与应用》杂志,长春德勤企业管理咨询有限公司,2022.

[18] 健全和完善制造业产业链供应链[EB/OL]. [2020-06-10]. http://theory.people.com.cn /n1/2020/0610/c40531-31741173.html.

[19] 零售商业评论. "科技+零售"，才是「终极战场」？ [EB/OL] [2021-01-29]. https://mp.weixin.qq .com /s/GfdGd6mRctnpiUECpdaAxg.

[20] 肖怡. 零售学[M]. 4 版. 北京：高等教育出版社，2017.

[21] 宋丕丞. 零售学[M]. 北京：首都经济贸易大学出版社，2020.

[22] 颉宇星. 滑雪场+攀岩+篮球馆 安踏建了一个智慧运动零售空间[N]. 中国商报网，2022.

[23] 依琰.DTC 模式乘风而起 新消费新品牌快速变革[N]. 中国商报网，2021.

[24] 2021 年中国自有品牌行业发展白皮书[R]. 达曼国际咨询，2021.

[25] 新常态下商业生态圈治理调查报告[R]. 德勤中国，2016.

[26] 2022 年中国即时零售发展报告[R]. 中国连锁经营协会，2022.

[27]　陈海权. 新零售学[M]. 北京：人民邮电出版社，2019.

[28]　徐盛华. 零售学[M]. 2 版. 北京：清华大学出版社，2020.

[29]　莫丽梅. 新零售实务[M]. 北京：高等教育出版社，2021.

[30]　张卫林. 新零售实务[M]. 北京：人民邮电出版社，2022.

[31]　高振. 新零售管理理论与案例[M]. 上海：复旦大学出版社，2022.

[32]　赵德海等. 基于供给侧改革的中国零售业态发展研究[M]. 北京：经济管理出版社，2021.

[33]　刘润. 新零售：低价高效的数据赋能之路[M]. 北京：中信出版集团，2018.

[34]　时胜利. 新零售：全渠道营销实战[M]. 北京：人民邮电出版社，2019.

[35]　刘春雄. 电商的宿命[J]. 销售与市场(渠道版)，2015，06(No.558):60-61. DOI:CNKI: SUN:XSSC.0.2015-06-028.

[36]　2020 年中国零售科技产业研究报告[R]. 艾瑞咨询，2020.

[37]　科技如何驱动零售？| 解读智慧零售 [EB/OL]. [2019-08-12]. http://mp.weixin. qq.com/s?__biz=MzkzMjYxNDM3NA==&mid=2247487632&idx=1&sn=0fac54161e4c96 4a8fd67ba7052a5a09&chksm=c2584919f52fc00f02294924d295b73dc50a87feff8a27e3111 9db867d45bb50cd21bcd10918#rd.

[38]　疫情改变消费：零售企业如何抓住夏季消费新变化 [EB/OL]. [2022-05-19]. http://mp.weixin.qq.com/s?__biz=MjM5NzU3OTA4MA==&mid=2651042159&idx=1&sn =6776bb4e02b63a5c845ea64684d76e4d&chksm=bd20c1488a57485ef7bef39ac538fd79c4b f017977776d822cf3466443ebd33336057ec438ce#rd.

[39]　即时零售打通怀旧零食"小卖部"小当家干脆面外卖销量大涨 275%[EB/OL]. [2022-12-01]. http://www.jjckb.cn/2022/12/01/c_1310681079.htm.

[40]　新消费时代，正在被新一代"数字原住民"重塑[EB/OL]. [2022-11-03]. http://mp.weixin. qq.com/s?__biz=MzkwNjI0Nzc0Mg==&mid=2247489482&idx=1&sn=4acdf3e05f700fb03 141ca9bf2f90a2d&chksm=c0ea3c9bf79db58d4af709c2df73137368283a93ad62a2a1a683aa 87d27c61e56f7d63484886#rd.

[41]　安踏集团首家创动空间落地晋江，将滑雪场搬到门店[EB/OL]. [2022-01-18]. http://www. linkshop.com/news/2022481029.shtml.

[42]　盒马鲜生背后的选址逻辑：开在冷清的购物中心？[EB/OL]. [2022-10-27]. http://usedcar. dizo.com.cn/jujiao/2022/1027/27828.html.